億を稼ぐ人の習慣

Yuji Nakano
中野祐治

The Billionaire Habit

きずな出版

「久しぶり！」

「おお〜久しぶり！　最近どう？」

「俺、去年マンションを買ったんだよね」

「俺も、６年前に家を建てたよ」

「お互い大変だな。俺たちもこうやって歳をとっていくんだな」

久しぶりに会った、会社員時代の同期との会話です。

私と彼は似ていました。
同じ年齢、同じレベルの大学、同じような部署。
そして同じように幸せな結婚をし、子どもを育てました。

ただし、ひとつだけ違う点がありました。

「稼ぐお金」が圧倒的に違ったのです。

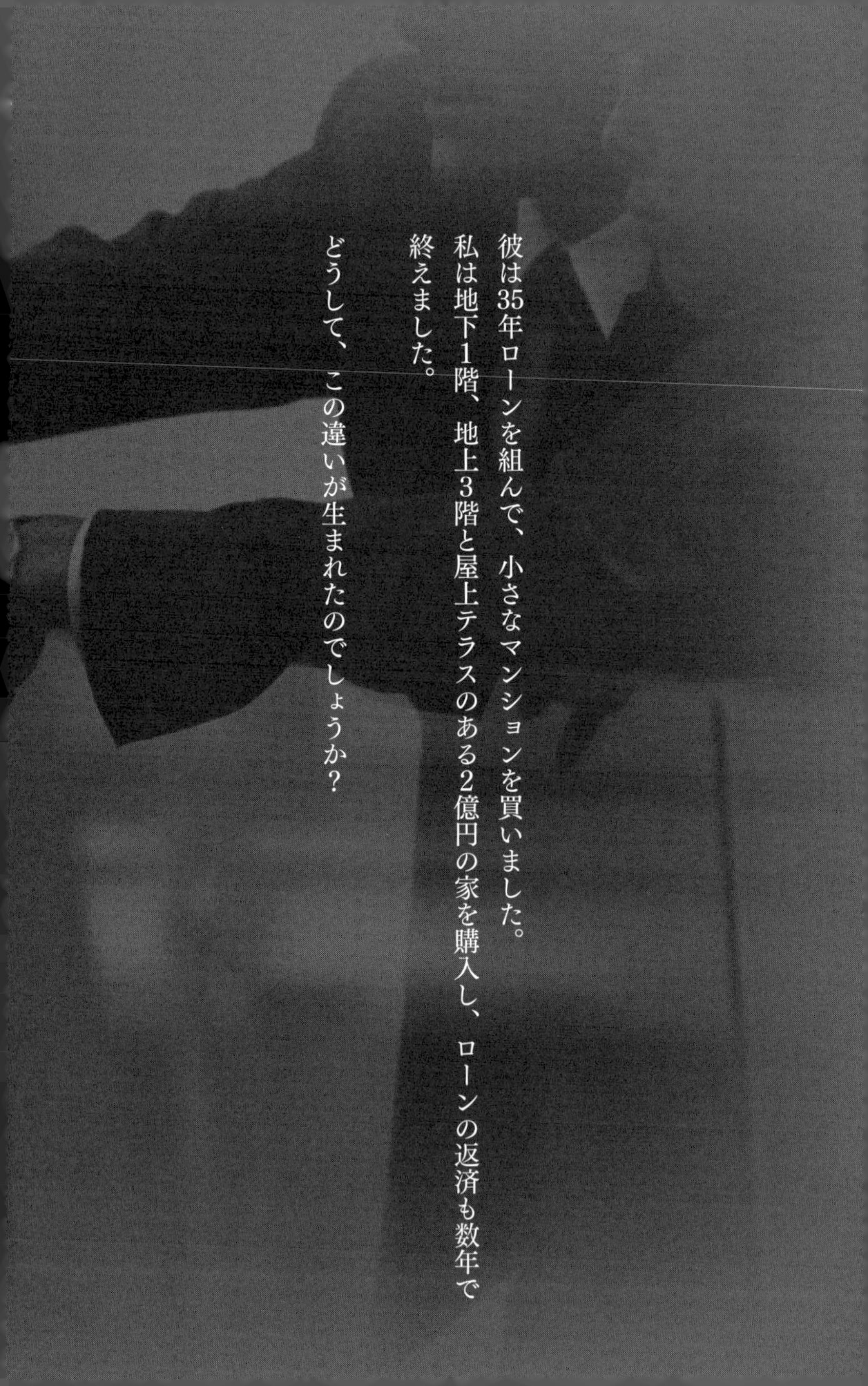

彼は35年ローンを組んで、小さなマンションを買いました。
私は地下1階、地上3階と屋上テラスのある2億円の家を購入し、ローンの返済も数年で終えました。

どうして、この違いが生まれたのでしょうか？

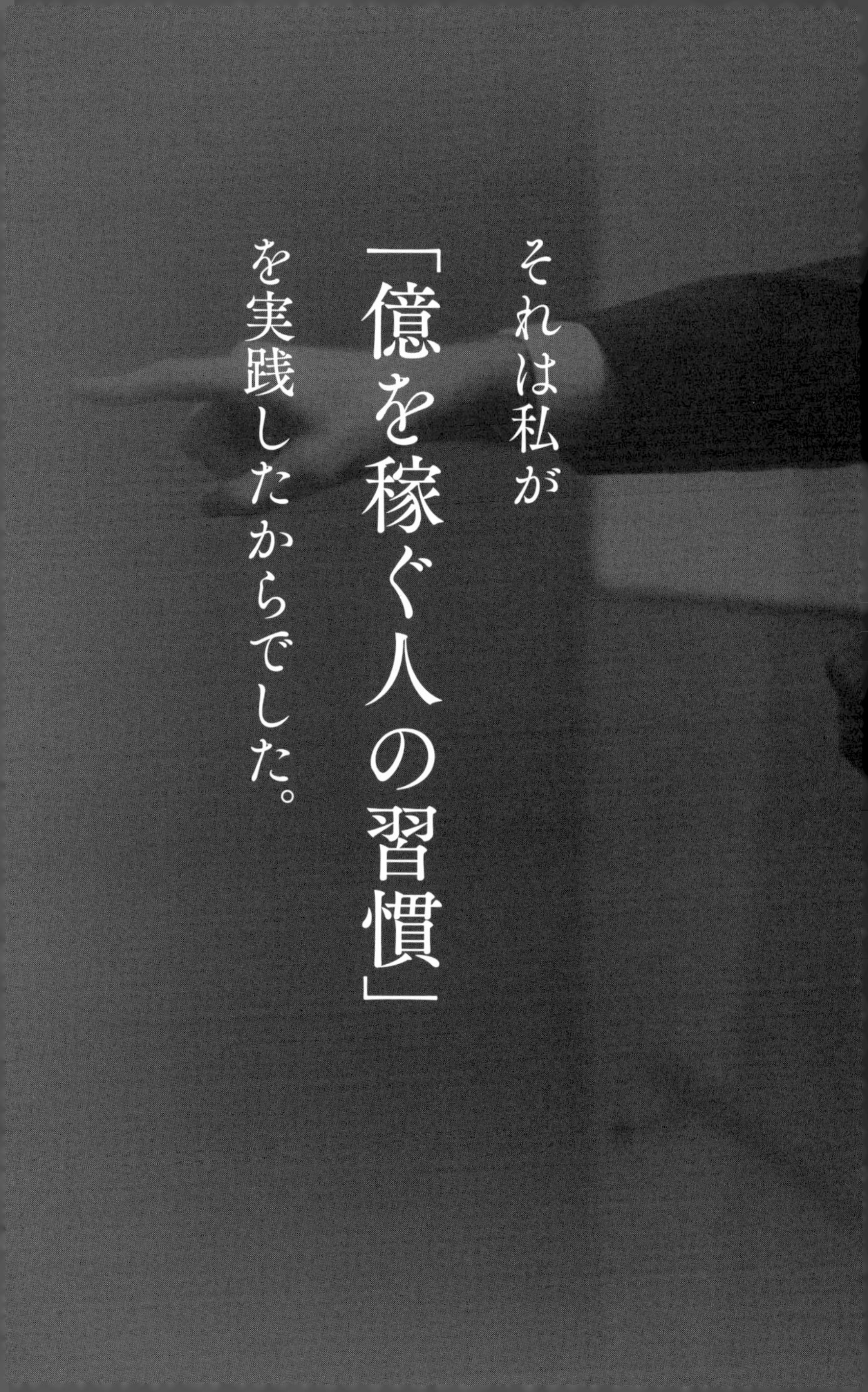

それは私が
「億を稼ぐ人の習慣」
を実践したからでした。

これまでさまざまな経験をし、いまでは毎年、億単位の収入を稼ぐようになった私ですが、拙《つたな》い経験のなかで導き出した結論があります。

それは、「成功する」ということが才能によるものではなく、学歴があるからでもなく、人脈があるからでもなく、資金があるからでもなく……

〝誰でも、望むことは実現できるというシンプルな法則〟に則《のっと》っているだけ

ということです。

しかも、実現するために必要なものはすべて、すでに目の前にあります。

多くの人が、それを見ようとしないから、見えないだけなのです。

「そんな法則があって誰でもうまくいくんだったら、なんで知られていないんだ！」と叫びたくなるでしょう。単純な法則にもかかわらず、学校や会社では教えてくれないので、ほとんど知られていません。

たしかに、さまざまな書籍に〝成功の法則めいたもの〟は書いてあります。しかし、それを読んでも「そんなバカな」と信じずに、実践しない人が多い。

実践した人だけが、次から次へと夢を実現していくのにもかかわらず——。

望みを叶えてくれる「魔法のランプ」は、この世にたしかに存在します。その魔法のランプを友人はこすらなかった。私はこすった。それだけの違いなのです。

じつは、あなたはすでに魔法のランプを持っています。そのランプをこすれば、ランプの妖精《ようせい》が出てきて、あなたの願いを叶えてくれます。

ですが当然、ランプの使い方にはコツがあります。使い方を覚えないと、なかなか夢や願望を叶えてくれないのです。

本書では、その魔法のランプのこすり方を、あなたにご提供しようと思います。

成功には、その人に合ったステージがある

私は、前著『億を稼ぐ人の考え方』（きずな出版刊）のなかで、本を読むことの重要性を説《と》き、「本を1冊読めば、将来的に月収が1万円上がる自己投資になる」と書きました。

もちろんこれは「本を読むだけでお金持ちになれる」ということを言ったわけではなく、読んだ内容を実践する必要があるという意味です。

ただし、読んだ内容のどの部分を実践すれば成功するのか、どう行動に優先順位をつければいいのかが自分ではわからないことがあります。そのときに、いわゆるメンターに相談して、まず自分が実践すべきこと、優先すべきことを教わる必要があります。

つまり、あなたのステージによってやるべきこと、大切にすべきことが違うのです。

実際に私の場合、まだお金がないときに、ある成功者の方から「本当に大切なのはお金じゃない」「お金で幸せは買えない」と言われました。

「そんなこと言われたって、お金はいるでしょう。もっとお金があったら幸せだし」と思っていました。

正直、心に響かないのです。もっと切実な関心事項があるからです。

「どうしたら、もっと月収を上げられるのか？」

「どうしたら、いい車に乗れるのか？」

「どうしたら、家族に余裕のある暮らしをさせてあげられるのか？」

私にとっては、そういう現実問題のほうが何倍も重要でした。

そんなときに「お金で幸せは買えない」と常識的なことを言われても、気休めにしか聞こえませんでした。

しかも、しっかり稼ぐことが必要な時期に「お金がすべてじゃない」「本当に大切なのはお金じゃない」などと言われたら、どうなるでしょう。かえって、この常識的な成功法則はマイナスになるのではないでしょうか？

凡人にとっては、お金を稼ぐことに対する懐疑心《かいぎしん》を持つのは致命的です。なぜなら、儲かりはじめた途端、自分で自分にストップをかけてしまうからです。

億を稼ぐ人になるための5つの習慣

前著では、億を稼ぐための基本的な考え方・マインドをご紹介し、おかげさまで多くの方々に届きベストセラーになりました。そこで読者のみなさまから、

「基本的な考え方はわかりました。でも、中野さんは具体的にどのような習慣や行動をされてきたのですか？」

という質問をたくさんいただいたことから、本書を執筆するに至りました。

「自分を変えたい」

「自分の殻《から》を破りたい」

「お金を稼ぎたい」

「夢を叶えたいが、一歩踏み出せない」

「もっとやる気を出したい」

「人生をもっとよくしたい」

こういった人に読んでもらうために書いた本です。

よくある自己啓発本のように〝成功法則を商売にして成功した人〟によって書かれている本ではありません。**実際に私自身が実践し、夢を叶え、年収1億円を突破し、人生を変えてきた具体的な方法論**です。

その具体的な方法は、全部で5つの習慣に集約されます。

第1の習慣　自分自身を知る
第2の習慣　自分に「催眠術」をかける
第3の習慣　セルフイメージを高める
第4の習慣　お金の原則を知る
第5の習慣　幸福を習慣にする

本書は、この5つの習慣の順番に構成しています。

私のお弟子《でし》さんの何人もが、本書に書かれている具体的な習慣や作業を実践し、自分を変え、年収をアップさせ、夢を叶えています。年収1000万円は当たり前、年収が億に達するお弟子さんも出はじめています。

あなたも、この本の内容を実践し、自分を変え、一緒に豊かな人生を送る仲間になりませんか？　それでは、あなた自身を豊かにするプロジェクトを開始しましょう。

Contents

億を稼ぐ人の習慣

第1の習慣

自分自身を知る

第2の習慣

自分に「催眠術」をかける

第3の習慣

セルフイメージを高める

第4の習慣

お金の原則を知る

第5の習慣

幸福を習慣にする

第1の習慣

The First habit

自分自身を知る

悪魔と手を組む

「中野くん、成功への道の初期段階では、悪のエネルギーを活用するんだよ」

メンターにそう言われたとき、危ない黒魔術でも聞かされるのかと困惑しました。

「悪」のエネルギーを活用するとは、どういうことでしょうか。

嫉妬、敵対心、見栄、虚栄心、復讐心などの「悪」の感情。一般的には、このようなマイナスの気持ちは、よくないものと言われています。

ところが「悪」の感情というものは、エネルギーが高いという現実もあります。

「悪」と「善」とはプラスとマイナスの極性《きょくせい》が違うだけで、エネルギーという観点から見

ると強いパワーを持っているのです。

これはビジネスにおいてもそうです。金銭的な成功に至る道のりで、このような悪の感情のエネルギーを活用している成功者は多いです。

いや、活用していない人なんて滅多《めった》にいないのではないでしょうか。

成功した経営者に話を聞くと、「両親が離婚している」「子ども時代は貧乏だった」「いじめられていた」「成績がよくなかった」「運動ができなかった」など、さまざまなコンプレックスがあることが多いです。まわりをアッと言わせて見返してやりたい、それをバネに会社の上場まで果たしてしまう人も存在します。

親の夜逃げ経験から「稼ぎたい！」と欲求が湧いてきた

私の場合であれば、親が事業で失敗し、借金をつくり、子どものころから家がかなりの貧乏でした。

小遣いも自分でバイトをして稼いで、親にバイトで稼いだお金を渡していました。

大学は自分で学費を払うしかないと思い、必死に勉強して、なんとか学費の安い国立大学に入学しました。

大学に入ってからは学費のためにバイト三昧《ざんまい》。バイトばかりで学校に行かなかったので、友だちもできませんでしたし、留年しかけました。

卒業式のときには、私だけ卒業証書がもらえませんでした。卒業式までに最後の期の学費が払えていなかったのです。恥ずかしく、情けない思いをしました。卒業式のあとに学費を払い、なんとか卒業証書をもらい、無事に卒業はできました。

運よく液晶《えきしょう》で有名な大手一部上場企業に就職できましたが、新入社員の1か月目に親から「お金を借りてきてくれ」と言われました。

消費者金融を4件まわり、200万円を借りて親に渡しました。

毎月の給料はすべて親に渡していました。初めてのボーナスももちろん親に渡しました。

「なんでこんな家に生まれたんだろう」と親を恨《うら》みました。

そして最終的に、両親は私たち子どもに何も言わずに、夜逃げしました。

「貧乏は嫌だ、絶対に成功してお金持ちになってやる！」

このような悪の感情に心が支配されていました。これは私の偽《いつわ》らざる本音です。

しかし、あとで振り返ってみると、実際に私自身は、このときの「貧乏は嫌だ！」という悪の感情が成功への足掛《あしが》かりになりました。

悪の感情を認めてあげる

このような悪の感情の使い方を知っていれば、パワーを持つことができます。

「フェラーリに乗りたい！」

「美人とつき合いたい！」

「ブランド品を好きなだけ買いたい！」

そういう欲求は、成功を目指す若者なら誰にでもあります。

「上等じゃん。見ていろよ！」

そんな啖呵《たんか》を切りたいときもあります。

悪の感情はそこにあるのだから、否定しても仕方がありません。

成功したいのなら、認めてあげるのです。

そして、そのエネルギーを利用するのです。

誤解されると困るので言っておきますが、悪の権化《ごんげ》になりきるわけではありません。

当然、心を豊かにするように努力を続ける必要はあります。

ただ、成功に向かって離陸するまでは巨大なエネルギーが必要なので、悪の感情が出てきたときには、否定するのではなく、仕事を進めるうえで利用するのです。

もちろん、悪の感情をずっと持ち続ければ、顔に出てしまいます。人相《にんそう》が悪くなります。

だから長くはやらないでください。

あくまでも短期決戦。離陸して安定軌道に乗ったら、今度は必死になって心を磨くのです。きちんと現実世界に立脚《りっきゃく》しながら、心の豊かさを学ぶのです。

「復讐」の力を使う

では、実際にどのように悪の感情を利用すればいいのでしょうか。

キーワードは「復讐心」です。

理不尽な目にあったり、不誠実なことをされたとき、私たちは一時的に絶望します。

「どうして、自分だけがこんな思いをしなきゃならないのだろう?」

「なぜ、こんな目にあうのが私なのだろう?」

「なぜ、あの人は誠実に謝ってくれないのだろう?」

どんなにそれを思っても、答えは出てこない……。

この気持ちが解消されないとき、人は「復讐心」というエネルギーを使って這《は》い上がろうとすることがあります。

私の場合は、事業を立ち上げていくなかで、いろいろな人に「お前が成功するわけがない」「怪しい」「せっかく大手企業にいるのに、自分で商売をしようとするなんて馬鹿か」などと言われ、**「絶対に成功して見返してやる」**と決意しました。これが復讐心です。

「復讐リスト」をつくろう

おすすめは**「復讐リスト」**をつくることです。

「あのとき○○と言ってきた△△くんを必ず見返す」
「独立するという話をしたときにバカにしてきた□□さんを見返す」

というようにリスト化するのです。

何か悔しいことがあったり、くじけそうなことがあるたびに、この復讐リストを見返すことで、もう一度立ち上がろうというエネルギーになります。

ただし、気をつけなければいけない点もあります。

復讐のエネルギーは、あくまでネガティブなエネルギーだということです。

「相手に後悔させてやりたい」「相手のやったことは間違っているから、それをこの手で証明してやる」ということが目的になると、たしかに行動するうえでのエネルギーにはなるのですが、最終的に幸福には到達しません。

なぜなら復讐が終着点になっているからです。

最初の力が弱い時期をくぐり抜けるときの起爆剤《きばくざい》が復讐心であってもいいのですが、自分が動き出すきっかけとして使うまでにとどめておいて、決して長く持つべきエネルギーではないのです。

本当に復讐したくて、何かに没頭《ぼっとう》しはじめると、それが成功したときには復讐なんてとうに忘れているものです。

憎い相手への最大の復讐は、あなたが成功することです。

憎い相手にやり返しても無意味だし、勝ったとしても何も得るものはありません。

だから、あなたはその復讐心を利用して、相手が嫉妬するくらいに成功してしまえばいいのです。成功したころには、そんな相手はどうでもいい人間になっているでしょう。

私は、もし復讐リストに書いた人たちに会ったら、

「**あなたのおかげで、あなたが生涯《しょうがい》かけて稼ぐお金と同じくらいの金額を、僕は1年で稼ぐことができています。ありがとう**」

と、心のなかで伝えています。

あなたも復讐リストをつくってみてください。

成功したときには、それが「感謝リスト」に変わっていますから。

「復讐リスト」を書いてみよう!

「思い」という種を蒔《ま》いて、「行動」という果実を刈り取る

「**人生は思った通りになるんだよ**」

メンターに教わりはじめた駆け出しのころ、言われた言葉です。

「**思った通りになるなら、苦労しないよ**」

内心、そう思ったのを覚えています。

しかし現実として、私自身もいま、ほぼ「自分の思い通りの人生」を生きています。

これは何も、自慢したいわけではありません。

人間には、誰にも「自分が思った通りの人間になる」という特徴があるのです。

たとえば「自分には才能がない」と思っている人は、チャレンジしようとしないので、いつまでたっても能力が身につきません。

反対に「自分には才能がある」と思っている人は、新しいことに果敢《かかん》にチャレンジしたくなるので、どんどん能力を身につけていきます。

「私は人づき合いが苦手だ」と思っている人は、人づき合いを避けるので、ますます人づき合いがヘタになります。

「私は人づき合いがうまい」と思っている人は、どんどん人と仲よくするので、コミュニケーション能力が磨かれ、ますます人づき合いがうまくなっていきます。

「私はモテない」と思っている人は、異性と話すことを避けるので、さらにモテなくなります。

「私はモテる」と思っている人は、臆《おく》することなく異性と話し「好かれるノウハウ」を身につけるので、ますますモテるようになっていきます。

思いを変えることで、現実が変わる

このように、世界は「思い」が先で「現実」があとからついてくるのです。

植物が種なしには発芽《はつが》しないように、すべての人の行動も、潜在的な思考の種なしには現れません。これは、無意識的であっても意図的であっても同じです。

自分の現状は「過去の自分が思ったこと」が現実化したものなのです。

「思い」を変えると、自分を取り巻く世界まで変わっていきます。

「私は幸せだ」と思っている人は、公園に行けば、美しい花や小鳥の鳴き声に癒《いや》され、幸せを感じます。

「私はツイてない」と思っている人が公園に行くと、「犬のフンが多い」とか「公衆便所がくさい」という、マイナス面ばかりが目に飛び込んできます。

「毎日が楽しい」と思っている人が「道の駅」に立ち寄れば、ふかひれソフトクリームで盛り上がったり、地域限定のお菓子を買って車内でワイワイやったり、話に花が咲きます。「毎日がつまらない」と思っている人なら、同じ道の駅でも「トイレを借りるだけ」になってしまいます。だから、つまらないのです。

あなたは「思い」という種を蒔いて、「行動」という果実を刈《か》り取っています。「才能」も「幸せ」も、あなたが思っている通りになっていくのです。

ということは、あなたの「思い」を変えれば、文字どおり「思い通りの人生」をつくっていけるわけです。

では、どのようにして「思い」を変えていけばいいのか？

その話をするには、理解しておいてもらわなければならない理論があります。それを次の項でお話ししていきます。

意識を操り、人生を動かす

私たちの意識には「顕在意識《けんざいいしき》」と「潜在意識《せんざいいしき》」の2つがあります。ひと言でいうと、私たちが普段「意識」と呼んでいるものが顕在意識、「無意識」と呼んでいるものが潜在意識です。それぞれ簡単に説明します。

・顕在意識

私たちの頭のなかにある絵です。五感、つまり「見る」「聞く」「嗅《か》ぐ」「味わう」「触れる」という感覚はすべてこの顕在意識によってコントロールされています。顕在意識とは、私たちが思い描いたり考えたりすることです。

・**潜在意識**

私たちの技術や実力の源となるものです。ものごとを上手におこなうというのは、じつはすべて潜在意識によって成し遂げられています。ですから、私たちは練習というものを繰り返しやって、いちいち細部を意識して考えなくても、潜在意識によって自動的に技術を使えるようになるわけです。

私たちの顕在意識は氷山《ひょうざん》の一角《いっかく》のようなもので、その水面下には、誰でも大きな潜在意識の領域を持っています。**潜在意識は普段は表に出てきませんが、私たちの本質的な考え方や行動を支配しています。私たちのクセや習慣は潜在意識が動かしています。**

顕在意識と潜在意識では、潜在意識のほうがはるかに強力です。

「タバコが身体に悪いのはわかっている（顕在意識）のに、やめられない（潜在意識）」

「ダイエットしたい（顕在意識）けれど、美味しそうなケーキを見ると我慢できない（潜在意識）」

このようなことが起きてしまうのは、そのためです。これは「心臓よ、止まれ」「呼吸よ、止まれ」と顕在意識で強く念じても止められないのと同じようなものです。

ランプの妖精は、いいことも悪いことも叶えてしまう

成功哲学で有名なナポレオン・ヒル博士は『思考は現実化する』（きこ書房）という歴史的名著のなかで、人間の意識のメカニズムと、どうすれば潜在意識を自己実現のために活用できるかについてくわしく述べています。

エッセンスだけ説明すると、タイトルの通り「思ったことは現実化する」ということです。つまり「いいこと」を思えば「いいこと」が起こり、「悪いこと」を思えば「悪いこと」が起こるということ。

潜在意識は、顕在意識が出した命令をすべて遂行《すいこう》しています。それがいい結果になるか

悪い結果になるかはおかまいなしに、です。

『アラジン』の物語では、主人公のアラジンが魔法のランプをこすると、ランプの妖精ジーニーが出てきます。

ジーニーは、ご主人さまの願いごとをどんなことでも叶えます。

しかしジーニーは善悪の区別がつかないので、ご主人さまに言われた通りに、いいことでも悪いことでも実現してしまいます。悪者の大臣ジャファーが魔法のランプをこすると、ジーニーは嫌々ながらも、その通りに悪いことをしなければならないのです。

つまり、アラジンやジャファーなどのランプをこする人が「顕在意識」で、ジーニーが「潜在意識」です。

このように、人間は五感を通じてすべての情報を潜在意識のなかに取り込みますが、潜在意識は「善・悪」「イエス・ノー」などを判断できずに、すべてを受け入れるという特徴があるのです。

たとえば、自分自身や他人に向かって「私は人の名前が覚えられないから」といつも言っていると、潜在意識は言われた通りに反応します。あなたが記憶の片隅《かたすみ》から誰かの名前をたぐり寄せようとしても、思い出せないようにあえて邪魔をするのです。なぜなら、繰り返しそう命じられてきたからです。「私は人の名前が覚えられないから」と。

もし、あなたがまわりの人々に「私にはそれは無理だ」と言い続けていると、あなたの潜在意識はそれを言葉通りに受け止め、その望みを楽々と実現できるように気を配ります。

ですから「あんな車は買えない」「ヨーロッパ旅行なんて無理」「新築の家なんてとてもとても……」「私がお金持ちになんてなれるわけがない」と言い続けるだけで、あなたの潜在意識はあなたの命令に従い、その思いを現実化するのです。

顕在意識は、一度にひとつのことしか思い描けない

潜在意識は強力なツールであり、これを意識的にプラスに操る方法を身につければ、望

み通りの質の高い暮らしを手に入れることができます。

そのためには、顕在意識の特徴も知っておかなければなりません。

それは、あくまでも「一度にひとつの場面しか思い描けない」というものです。

たとえば、もしあなたが野球のバッターボックスで「三振でアウトになる」と思い描いたら、同時に「ヒットを飛ばそう」と思うことはできないわけです。

顕在意識というのはちょうどコンピューターの端末スクリーンのようなものだと言ってもいいでしょう。一度に一場面しか映せないのです。

心理学の実験によれば、顕在意識は本来、1分間に2500程度のものごとを次々と思い描くという力を持っているそうですが、それぞれの場面においては、ひとつの事柄《ことがら》しか思い描けないという特徴があります。

では、顕在意識がひとつの場面しか思い描けないということが、なぜそんなに大切なのでしょうか？

それは、勝つことと負けることを一度に思うことはできないからです。

私たちは、人生において勝つことの助けになることを思い浮かべるか、邪魔になることを思い浮かべるか、どちらかしか思い描けないということなのです。

つまり、つねに積極的かつ前向きに頭のなかのイメージをコントロールしていけば、理論上、失敗するということは起こりえないはずなのです。

この「一度にひとつのことしか考えることができない」という顕在意識の特徴を、私たちがどのように行動や習慣に落とし込んでいけばいいのかは、「第2の習慣」の章で説明したいと思います。

ここでは、「あなたは一度にひとつのことしか考えることができない」ということを知っておいてください。

「こぼさないで」と言われると、こぼしてしまう理由

小さな子どもに、水がいっぱい入ったコップをお盆に載《の》せて運んでもらうとします。

「こぼさないで持って行きなさい」と言うと、子どもは水をこぼしてしまいます。

逆に「うまく持っていきなさい」と言うと、子どもは水をこぼさずにうまく運びます。

なぜ、このようなことが起きるのでしょうか。

潜在意識はイエス・ノーの区別がつかないので、「こぼさないで」と言われることによって、子どもは「水がこぼれたところ」をイメージしてしまいます。

そして「こぼさないように」「こぼさないように」と心で唱えながら水を運ぶことによ

り、こぼれたイメージが刷り込まれ、水をこぼしてしまうのです。

一方「うまく持っていきなさい」と言われることによって、子どもはうまく運んでいるイメージを持ち、「うまく」「うまく」「うまく」と心で唱えることにより、本当にうまくコップを運びます。

顕在意識がイメージを描くと、潜在意識の力はそれを実行させる方向に人間を動かしてしまうのです。


このことを知っていれば、子どもだけでなく、他人にものを言うときに、言い方ひとつで結果が大きく変わってくることがわかってもらえると思います。

「□□してはいけませんよ」

「くれぐれも□□だけはするんじゃないよ」

ではなく、

「○○のようにしてね」

「○○になったらうれしいな」

など、相手がものごとをうまく運びやすいようにイメージできる言葉を選ぶクセをつけるのです。

何を言うかではなく、相手に何を思い描かせるか

これはある意味、コミュニケーションの基本原則です。

一般的に、コミュニケーションにおいては「何を言うか」が大切な問題と考えられています。しかし、**本当に重要なのは言葉そのものではなく、それを聞いた相手が、心に何を思い描くかということ**です。

ある男性がひとりの女性に向かって、「君がブスだと言っているんじゃないよ」と言ったとしましょう。

この男性の言ったことは「君がブスだと言っているんじゃない」だけです。

しかし、相手の女性が思い描いたのはどんなイメージでしょうか？

きっと、この女性は男性の言葉通りの意味ではなく、自分が受け止めた「ブス」というイメージに基づいて反応することでしょう。

本当に重要なのは、この「イメージ」なのです。

コミュニケーションの障害のひとつは、相手の心にどんなイメージを思い描かせるかを考えないで、意味だけで通じると思っていることです。

私は子どものころ、地域のソフトボールチームに入っていました。

そのチームのコーチはよく、私に「何をしてもいいから、三振だけは絶対にするなよ！」と言ってきました。

もちろん、私の頭に浮かんだイメージは「三振」でした。

コーチは声のかけ方を間違えて、私を失敗する方向へ向けてしまったことになります。

これでは「さあ、三振しろ」と言ったのと変わりがないのです。コーチには「中野くん、さあ、かっ飛ばすんだ！」と言ってほしかったものです。

不可能を可能にする考え方

1　夢は叶うものである

2　夢は叶わないから夢なのだ

あなたは「夢」を、このどちらに定義づけていますか？

人は、心のなかにある物の見方の基準（あなたが持っている価値観）で、どちらからものごとを見るかを無意識のうちに決めてしまいます。

たとえば、あなたがいま東京・新宿にいて、通りすがりの人から、

「すみません、10分で横浜まで行きたいのですが」

と聞かれたら、

「え？　10分ではとても無理ですよ。湘南新宿ラインに乗っても、渋谷回りだと……」

と、答えるでしょう。

しかし、ぐったりとして息も絶《た》え絶《だ》えに見える幼い子どもを抱えた母親に、

「この子の命が危ないんです！　10分で横浜に着く方法を教えてください！」

と言われたら？

ヘリコプターを連想するに違いありません。


この違いは何でしょうか。

前者では、あなたは瞬間的に「できない」という発想をしました。その結果、無意識に電車や車を連想し、できない理由を並べるのです。

後者では、あなたは「できるとしたら」という発想をしました。その結果、ヘリコプタ

――という、できる理由を探したのです。

脳は「できない」と思ったらできない理由を、「できる」と思ったらできる理由を瞬時にして並べることのできる高性能なコンピューターです。

素晴らしい南の島の映像を見て、「こんなところに行ける人はいいなあ」という感想で終わる人もいれば、「この場所はどこなんだろう？　行ってみようよ」と言って、すぐに調べて行こうとする人もいます。

人間が進化したがゆえに、失われたもの

たとえば、こんな話があります。

サーカスの象を調教するときには、仔象《こぞう》の時点で杭《くい》につないで不自由を味わわせ、「足に鎖《くさり》をはめられると逃げられなくなる」と学習させ、洗脳するという話です。人間には逆らえないと思いこませ、サーカスで人間の言うことを聞く象に仕立てるためです。

これを「おもしろい話だなあ」などと人ごとで聞いていてはいけません。

じつはあなたも、現実社会で調教されているのかもしれないのですから。

思い出してみてください。

あなたは小さいころ、大人から「大きくなったら何になりたい？」と聞かれたことがあると思います。何と答えたかは別として、そのまま目標を達成した人は、私を含めてほとんどいないのではないでしょうか。

サッカー選手になるはずが、中学に入ると自分より能力のある人がたくさんいて、レギュラーから外された。医者になるはずが、受験で失敗して医学部には行けなかった。宇宙飛行士に憧れたけれど、倍率を聞いてとても無理だとあきらめてしまった……。

こんなふうに多くの人が、大なり小なりの挫折《ざせつ》や目標の変更、修正を繰り返して大人になるのでしょう。

いずれ、大半の方が会社に勤め、安心と引き換えに、月末の給料と土日祝日の休みという「枠」を渡されます。この「枠」は、あなたにいろいろなものを与えます。

「不自由」もそのひとつかもしれません。

「気晴らしでちょっと飲みに行ってお金を使っただけなのに、次の給料日まで極貧生活」
「家賃を抑えるために、わざわざ会社から遠い家を選ばざるを得なかった」
「お金がないために、喜ぶべき友人の結婚式の招待状を疎《うと》ましく思った」

こうした不自由のなかで〝ヤリクリ〟という名の「枠」にとらわれ、次第に環境に順応していきます。**そして徐々に、ごく自然にヤリクリできている自分に気づき、そのうちヤリクリしているということすら意識しなくなっていきます。**

これはこれで、人間にとって大切な能力です。

昔、人間は二足歩行になり、自由になった手を使うことで急速に脳を進化させ、文化を発展させせました。火や武器を使い、他の動物より格段に有利になりました。

しかし一方で、それと同時にさしあたって必要のない嗅覚や聴覚が、他の動物より衰えてしまったと言われています。

こんなふうに太古の昔から、人間の進化は、何かを手に入れる代わりに何かを手放すということの繰り返しだったのです。

もしこれが本当だとしたら、人はヤリクリのうまさを手に入れることで、一体、何を犠牲にしたのでしょうか？

それは「夢を見る能力」です。

夢を見る能力など、命には関係ないからです。

夢を見るより、さしあたって生きていくために自分の時間や身体、そして心を使ったほうが、生産効率やエネルギーのパフォーマンスがいいからでしょう。

自分の可能性を信じ、夢のために自分の能力を開発することを考えるより、給料日までの日数で生活費をどう切り詰めるかを考えるほうが現実的で楽だからです。

無限の可能性を、みずからつぶさない

旅行することを考えてみてください。

近場の温泉と豪華客船での世界一周旅行。計画したり、資金を貯めたりするのは、どちらが現実的で楽なことですか？　もちろん近場の温泉ですよね。

車を購入するときもそうです。選択肢から無意識に外している車はありませんか？

他にも、何かを選択するときに、無意識に見ないようにしている世界はありませんか？


人間は「生き延びるため」に進化してきました。

でも、いまの日本は、生きていくことは普通にできます。

では、あなたは何のために生きているのでしょうか？

まさか「死なないため」に生きているわけではありませんよね。

それなら、あなたの生まれてきた目的は何なのでしょう？

あなたが「枠」の外に追いやって見えなくなってしまっている世界には、どんなものがあるのでしょう？

そこには一体、どんな宝物や可能性が眠っているのでしょう？

理想を意識的に引き寄せる方法

下の絵を見て、何が見えますか？

見方によっては貴婦人《きふじん》に。

もうひとつの見方では老婆《ろうば》に見えます。

このようにあなたは心で望んだものを、

絵のなかから選び出すことができます。

イラスト：力石ありか

あなたがいま見ている現実も同じです。

同じ環境のなかにいたとしても、人はそれぞれ違う捉え方をしています。

現実のなかにあふれている天文学的な数の風景から、自分が意識したものを選び出しているのです。


たとえばルイ・ヴィトンの鞄《かばん》を買うと、街でルイ・ヴィトンを見かけるようになります。

「あの車、欲しいなあ」と思いはじめると、その車をいたるところで見かけます。

ほかにも、好きなミュージシャンの曲が、たまたま入ったお店でよく流れる。

パソコンをMacに変えたら、Macユーザーと頻繁に出会うようになる。

「じつは高級だった」と知ると、その食べ物が急に美味しく感じられる。

噂をしていたら、テレビにその人が出てきた――。


これらの現象を「引き寄せ」という言い方もできますが、無数に存在する現実のなかから、あなたが意識したことが浮かび上がってくる、と考えることができます。

お店のなかで、ある人は商品の値段を見ている。ある人は商品の材質を見ている。ある人はお店の内装を見ている。ある人は財布の中身のことを考えている——。

このように、人々は目で同じものを見ていても、意識のなかではまったく別のものを見ているのです。

目の前に見えて、聞こえて、感じられる現実。

それが、自分にとってはいたって当然の出来事のように思っていても、本当は自分の意識が選《え》り好みして、制限をかけた風景を、勝手に現実だと思い込んでいるのです。

「妥協でそこそこ」か「チャレンジして夢を広げる」か

見方によって変わるものは「収入と夢の関係」にもあてはまります。

1　いまの収入に合わせて、手が届く範囲のなかに夢を縮める

2　本当に実現したい夢に合わせて、収入の枠を広げる

どちらがいいかの議論はひとまず置いておいて、この本を手にしているあなたは、おそらく後者の選択肢を選んでいる人だと思います。

きっとあなたは「夢を見る能力」が退化しなかったか、あるいは何かのきっかけで夢をつかみたい気持ちを思い出した人でしょう。

私も同じです。夢をつかみたいからこそ、枠を広げ、自分を変えていこうと思いました。

そして、その気持ちがきっかけとなり、人生が大きく変わった人間のひとりです。

枠を広げた結果、ゆとりのある収入と時間、かけがえのない仲間、健康など、さまざまなものを手に入れることができました。

そのきっかけは、メンターに、

「中野くんは、収入に合わせた生活で妥協する人生か、理想の生活のためにチャレンジする人生か、どっちがいいの？」

と問いかけられ、夢を収入の枠に合わせて縮める人生ではなく、「収入や時間を、夢に合わせて広げていく人生にしたい」と決めて、その方法をメンターに教わったことでした。

あなたは、

「収入に合わせた生活で妥協する人生」

「理想の生活のために、収入を大きくしていくチャレンジをする人生」

どちらがいいですか？

もしあなたが「理想の生活のために、収入を大きくしていくチャレンジをする人生」を望むのであれば、次の章からの内容を実践してみてください。一緒に人生を変えていきましょう。

第2の習慣

The Second habit

自分に「催眠術」をかける

夢を100個書き出したら、年収1億円を突破していた

「いまよりもよくなりたい気持ちはあるけど、やりたいことが見つからないから……」

このような方は、多いです。

じつは私も、やりたいことがありませんでした。

正直に言うと、やりたいことなんて最初はなくてもいいと思います。

私自身は、やりたいことへのこだわりがなかったからこそ、素直に柔軟に学ぶことができましたし、成長のスピードも速かったのだと思います。

明確なやりたいことはないけれど、「いまよりもよくなりたい」「変わりたい」「成長し

たい」という漠然《ばくぜん》とした思いだけは持っていました。だからこそ「これをやってごらん」とメンターに言われたことは、まず何でもやってきました。

一方で、やりたいことへのこだわりが強い人は「私はこういうふうにやりたいんですよね」と自分のこだわりを握りしめて、結果的に成長が遅くなってしまうことがあります。

もしあなたも、私と同じように「メンターを決めて学ぶ」という進み方をするのであれば、やりたいことへのこだわりがないほうが力をつけるのが早くなるでしょう。

「中野くん、夢リストを書いてごらん。夢を100個書くんだ。欲しいモノ、やりたいこと、なりたい自分など、大きくても小さくても何を書いてもいいから、100個書いてごらん。書いたことはすべて叶うから」

24歳のとき、メンターにそう言われました。

「すべて叶うって、ほんまかいな？」と思いながらも、欲望のままに書いてみました。

まず書いたのは次のようなことでした。

1　30歳までに月収100万円取るような器の人間になる
2　タワーマンションに住んでいる
3　ベンツに乗る
4　ハーレムをつくっている
5　モテている

いま見返すと恥ずかしくなるような夢ですが、それでも20個も書けずにペンが止まりました。

そこで気づきました。「俺、夢あんまりないやん」「俺、なんか大事なものを失くしてしまったんじゃないかな……」と。

それでもなんとか100個書き、メンターに見てもらいました。

「これ、全部叶うよ」と、言われました。

39歳で年収1億円突破

そこから努力をした結果、本当に叶いはじめました。

29歳で月収100万円を超え、タワーマンションの33階に住み、ベンツのSクラスに乗るようになりました。**24歳のときに書いた夢は29歳でほとんど叶ったのです。**ハーレム以外は（笑）。

ちなみに、このとき私のメンターは32歳で年収1億円を超えていました。

それを間近で見ていて「年収1億円は可能なんだ……」と思い、さらに夢を書き足しました。「40歳までに年収1億円」と書いたのです。

すると、実際に39歳で年収が1億円を超えました。

「バカな。そんな自慢話を聞くために、お前の本を買ったんじゃない！」

そう怒りたい気分もわかりますが、ちょっと待ってください。

これが私だけに起こったことならば、本に書きません。私のお弟子さんのなかにも、書いた目標や夢が叶った人がたくさんいるのです。

ある日、メンターが住んでいたタワーマンションにお邪魔した際に、書斎、トイレ、玄関の扉に「32歳、年収1億、限界に挑戦！」と書いた紙が貼ってありました。

当時のメンターは27歳で月収が300万円。そして、その後、32歳で本当に年収1億円を達成されました。それだけ「夢を書く」という行為にはパワーがあるのです。

これは、プロスポーツ選手などの世界でもよくおこなわれています。

野球のイチロー選手が、小学生のときに書いた「夢」という作文をご存じでしょうか。

「**僕の夢は一流のプロ野球選手になることです。（中略）そして、その球団は中日ドラゴンズか西武ライオンズが夢です。ドラフト入団でけいやく金は1億円以上が目標です。**」

小学校6年生が書いたとは思えない、とても明確で具体的な目標ですよね。

また、イチロー選手が2004年に日米通算2000本安打を達成したとき、オリックスの2軍時代の指導者・西村打撃コーチが、次のようにインタビューに答えています。

「1992年に彼が入団したとき、レポートを書かせたら、『12年間で2000本安打を達成する』とあった。そしたら、本当に12年でやってくれた」

このように、願望を実現するためには、具体的な目標を書くことが重要なのです。

一方で、最初から具体的な目標ではなかったとしても、進んでいくなかで徐々に明確になっていくこともあります。

自分のステージを上げていくと、見える景色が変わってくるのです。

ステージを上げると、次なる目標が見えてきます。それを信じて、まずはステージを上げていくことが大切です。

私の初期の原動力のひとつは「メンターの見ている景色を見てみたい！」でした。

時間とお金の制約がなくなって自由になったら、どんな世界が待っているのだろう、とワクワクしながら進んでいきました。

このように、最初からビジョンが明確ではない人は、徐々に自分のステージを上げながら、自分の夢、願望、目標を書き記しましょう。それだけの違いで、人生が変わるのです。

「手書き」の科学的効果

夢は手書きで、ノートに書くことをおすすめします。

ドミニカン大学カリフォルニア校の教授が、267人の参加者を集めて、目標達成率に関する実験をおこないました。

目標を紙に手書きしたときとキーボードでタイプしたときの達成率を比較した結果、なんと手書きのほうが、達成率が42パーセントも上がることがわかりました。

キーボードで文字をタイプするときに必要な指の動作は8種類しかないそうです。脳の動きもその8種類の指の動作に限られます。

一方、手書きのときに必要な指の動きは複雑で、1万種類にもなる。そのため、脳で働く神経の数がパソコン入力よりもずっと多くなります。

手書きにすると、目標に対する思い入れも強くなり一生懸命取り組むようになります。

あなたも、まずは夢リストを100個書いてみてください。

夢を100個、書き出してみよう！

1.
2.
3.
4.
5.
6.
7.
8.
9.
10.
11.
12.
13.
14.
15.
16.
17.
18.
19.
20.
21.
22.
23.
24.
25.
26.
27.
28.
29.
30.
31.
32.
33.
34.
35.
36.
37.
38.
39.
40.
41.
42.
43.
44.
45.
46.
47.
48.
49.
50.
51.
52.
53.
54.
55.
56.
57.
58.
59.
60.
61.
62.
63.
64.
65.
66.
67.
68.
69.
70.
71.
72.
73.
74.
75.
76.
77.
78.
79.
80.
81.
82.
83
84.
85.
86.
87.
88.
89.
90.
91.
92.
93.
94.
95.
96.
97.
98.
99.
100.

「世界最強の検索エンジン」を使いこなす

実現したいことを目標として書き、潜在意識にインプットしておけば、その実現に必要な情報を脳は集め続けます。

たとえば、誰かとお酒を飲んでいて「あの人、誰だっけ？　あーここまで名前が出ているのに！」という場面はよくありますよね。顔はわかっているけれど名前が出てこない。

ところが飲み会も終わって家に帰り、ほろ酔い気分でシャワーを浴びていると、なんの脈絡《みゃくらく》もなく「あ！　思い出した！　○○さんだ！」と答えが舞い降りてくる。

家でシャワーを浴びているときは「名前なんだっけ？」と思い出そうとしていたことす

ら忘れています。ところが潜在意識は、一度「名前なんだっけ？」と自分に質問すると、ずっと記憶のなかを検索し続けているのです。

構造上、脳は目標を実現するための答えを見つけ出さないわけにはいきません。だから忘れていたと思っても、自動的に目標が実現しているということが起きるのです。

この脳の驚異的な力を考えると、目標はあればあるほどいいということになります。

脳はパラレルコンピューターであり、いくつもの作業を同時並行で処理します。

つまり、自分に質問を１００すれば、１００の検索エンジンが同時に動き、その答えを見つけ続けるのです。

このように話すと「あなたの言ってることは、非論理的・非科学的だ！　とても信じられない！」と言われるかもしれません。たしかに、その道のプロの方からすると、厳密には科学的ではないのかもしれません。じつのところ私もまだ半信半疑《はんしんはんぎ》です。

でも、私は実際にメンターのアドバイス通りに、目標を紙に書き、潜在意識にインプットし続けました。すると、知らぬ間に目標が実現していたのです。これが現実です。

もちろん、夢を書いてもまったく行動しなければ実現しませんから努力はしましたが、私も、私のお弟子さんも、たくさんの人が書いたことが叶っています。

こうなってくると、信じるか信じないか、科学的であるかないか、なんていうのはどうでもいいです。やればいいのです、やれば。

なので「あなたも騙されたと思って、夢を100個書いたらいいやん！」と思うのです。

最悪、実現しなくても、あなたにリスクがありますか？　夢を書いた労力と時間だけです。

検索窓に入力する「質問」が大事！

ただし、パソコンやインターネットと同じで、あくまでも適切な質問や正しいキーワードを入力しないと「検索不能」、もしくは「理想の検索結果に辿《たど》りつかない」ので注意が必要です。

この潜在意識という「世界最強の検索エンジン」を使いこなすと、人生はどんどんうまくいくようになります。

見た目には困難に見えるようなことも、「できない」「難しい」「ありえない」などで終わらせず、「実現するためには、どうしたらいいんだろう?」と潜在意識に質問を入力しておくのです。

すると、ひらめきという形で潜在意識が答えを出してきます。

「もうひとひねりが足りない。どうしたらこの企画が心に届くものになるだろう?」と潜在意識に質問を入力すれば、いままで想像もつかなかったようないい企画を思いつくでしょう。

「あれもこれもやらないといけない。どれから手をつけたらいいだろう?」と質問すれば、「やっぱり、これからやろう!」という作業が見えてくるでしょう。

「初参加の人が多い会合が開かれる。どうしたら盛り上げられるか?」と質問すれば、進行役にぴったりの人の顔が浮かんでくるでしょう。

潜在意識への質問の仕方を身につけると、すべてがうまくいくようになっていきます。

一方、うまくいかない人の口グセや、考えるクセはたいていよく似ています。


「どうして、すべてがうまくいかないんだろう？」

「どうして、努力しているのに成果が出ないんだろう？」

「どうして、俺は何をやってもダメなんだろう？」


この質問では、潜在意識は答えを出せません。

理由は、決して答えが出ない質問だからです。

たとえば「どうして俺は何をやってもダメなんだろう？」でいえば、「何をやってもダメ」という間違った情報が前提になっている質問です。

実際問題、その人は歩けるし、喋れるし、呼吸だってできる。本当に「何をやってもダメ」なら、そもそもいままで生きてこられたはずがありません。

そんなあきらかな矛盾にも気づかずに、その人は「どうして俺は何をやってもダメなんだろう？」とひたすらボヤく。それが習慣になってしまっているのです。

感情を込めてそうボヤいた瞬間、心のなかでそう思った瞬間から、潜在意識は「俺が何をやってもダメなのは、なぜなんだろう？　答えをサーチだ！」と、馬鹿正直に答えを求めて動き出してしまいます。

何度も言うように、潜在意識は答えを見つけるまでストップしません。

これではどんなにサーチしても答えが見つかるはずがないのです。

すると、潜在意識はただただエネルギーやリソースを永遠に浪費することになります。その結果として「どうしてもやる気が出てこないんですよね。すぐに疲れてしまって」という状態になってしまいます。答えが出るはずがない質問を潜在意識にしてしまうと、潜在意識も疲れてしまうのです。

インターネット検索と同じです。「中野祐治」はヒットするが、「中野祐治ではないもの」はヒットしないのです。

また、ネガティブな答えが出そうな質問をしてしまっても、人生はよくなりません。

しかし、質問を「答えが存在する質問」「ポジティブな答えが出そうな質問」に変換すると、潜在意識は答えを探しはじめます。

「どうしたら、もっとうまくいくんだろう？」
「どうしたら、もっと成果が出るんだろう？」
「どうしたら、俺はできるんだろう？」

このように、「どうしたら」からはじまる質問に書き換えることで、とたんに答えがヒットします。そして、答えがひらめいたら、すぐに行動してください。

これによって、人生がどんどん加速していくのです。

自分自身に催眠術をかける

「あなたはだんだん眠くなる。眠くなる……」

「まぶたがだんだん重くなる。重くなる……」

はい、これは催眠術です。

催眠術と聞くとあやしいですが、**人は繰り返しの言葉に弱い**のは事実です。同じ表現を単調に繰り返すと、軽い催眠状態になってしまいます。

その結果、繰り返された言葉を信じ、それに基づいた行動をとるようになります。

あなたの気づかないところで、催眠術は頻繁に使われています。

もっとも怖いのは、集団でおこなわれる催眠術です。

たとえば、私が経営者向けの講演会にゲストで呼ばれてお話しするときに、多くの司会者がこう言います。

「この未曾有《みぞう》の不況を生き残るためには……」

この常套句《じょうとうく》を聞くたびに、「この会に参加した人は可哀想だな」と思います。

なぜなら同じ言葉を繰り返し、まわりの人が「そうですね」と頷《うなず》くことで、参加者は軽い催眠術にかかってしまうからです。

「そうか、不況なんだ。みんな頷いているから、きっとそうなんだろう。売上を上げるのは困難な時期なんだな」

その結果、最終的にみずから不況に参加することになるのです。

つまり司会者が「不況だ、不況だ」と繰り返し言うことは、参加者に「不況だ」という現実を植えつけていることに他ならないのです。

ちなみに、私のメンターはつねに「絶好調、絶好調！」と言います。私もそれを見習って「絶好調、絶好調！」と言います。私のお弟子さんもそれを見習って「絶好調、絶好調！」と言います。

なので、みんな絶好調という現実が植えつけられます。

「絶好調」と言っていると、本当に絶好調になるしくみ

どうして、こんなことが起こるのでしょうか？

それには、人間の記憶がどのようにつくられているのかを知る必要があります。

記憶というのは、脳のなかの一部に貯蔵されていると、一般的には思われています。

ところが実際は違うのです。

ノーベル賞を受賞した神経学者のジェラルド・エデルマン博士によると、**記憶は脳の一部に貯蔵されているのではなく、思い出す瞬間に毎回、再構築される**というのです。

脳内で起こっていることとは、シナプスとシナプスが結合し、記憶の経路（神経回路）が

つくられるだけ。その神経回路に電気信号が伝わることによって「思い出す」わけですが、それはその瞬間瞬間に、新たな現実を創り出すことと変わらないのだというのです。

要するに、過去は幻想に過ぎず、この瞬間に記憶が再構築されるだけなのです。

アインシュタインも「現在、過去、未来というのは、まさに幻想以外の何ものでもありません」と、物理学の観点から同様の結論を述べています。

その記憶の経路は、繰り返されることによって太くなります。

さらに自分で口に出して言ったり、何人もの相手から、「そうですよね」と頷かれたりすると、フィードバックされて経路が幾何級数的《きかきゅうすうてき》に補強されるのです。

その結果、記憶の再構築が簡単にできるようになります。

つまり「不況不況」と繰り返す仲間と一緒にいると、「現在は不況なんだ」という記憶経路が急速に太くなる、ということです。

すると、ちょっとした情報でも「不況」という記憶経路を通ることになって、そのたびに「不況だ」という現実が再構築されます。何でも不況のせいにしてしまうわけです。その結果、自分にとっても不況が現実になるのです。

逆に「絶好調、絶好調！」と繰り返す仲間と一緒にいると、「絶好調なんだ」という記憶経路が急速に太くなり、ちょっとした情報でも「絶好調」という記憶経路を通ることになります。そのたびに絶好調だという現実が再構築され、その結果、自分にとっても絶好調が現実になるのです。

このように私たちは、繰り返される言葉、自分で発する言葉、そして他人が同調する言葉で現実が構築されます。つまり、まわりの環境、どんな人を自分のまわりに置くかで、自分の現実が変わってしまうのです。

私たちには、2つの選択肢しかありません。「他人に自分の現実をコントロールされる」か、「自分で自分の現実をコントロールする」かです。

もちろん、あなたも「自分で自分の現実をコントロールする」人生がいいですよね。

「アファメーション」と「ビジュアライゼーション」を駆使する

自分の現実は、繰り返される言葉、自分で発する言葉、そして他人が同調する言葉でコントロールされると説明しました。

であれば、自分に都合のいい言葉を繰り返し、その言葉を発すればいいことになります。これは先ほど言ったように、自分自身に催眠術をかけることに他なりません。

自己催眠をかけることにより、不安がなくなり、自動的に夢や目標に向かって進みはじめることができます。

自己催眠にはいろいろな方法がありますが、ここではナマケモノの私でも三日坊主にならずにできた、私のメンターから教わったもっとも簡単な方法を紹介します。

ポイントは「繰り返す」ことです。

できれば顕在意識のバリアを弱めたうえで、繰り返すのです。なぜ顕在意識のバリアを弱めるかといえば、顕在意識は未知のことに抵抗するからです。

何か新しいことをはじめようとすると、「それは不可能だ」とブロックをかける。そんな役割をしているのです。

そこで **〝顕在意識の介入が少ないときを狙って〟潜在意識にプログラミングする**のです。

それはいつかといえば、寝起きや眠る前の意識がぼやけているときです。

プログラミング作業は極めて簡単です。

（1）書いた夢や目標を夜寝る前にボーッと眺める

（2）朝起きたときに、またボーッと眺める

これだけです。私自身はこれでうまくいきました。

書いた夢を、さらに叶いやすくする2つの方法

書いた夢や目標を眺めるうえで、さらに潜在意識にプログラミングしやすくする方法をメンターから２つ教わりました。

・夢を叶いやすくする方法その1
「過去形か現在進行形で書く」

「夢や目標を書くときは、すでに叶ったという過去形や、いま叶っているという現在進行形で書くんだ。そして、できるだけ具体的かつ肯定的に書く。叶ったときの感情なんかも書くとベストだよ」

メンターにこのように教わりました。

たとえば、

「世界一周旅行をしたい！」

と書くのではなく、

「世界一周旅行をした！　めっちゃ楽しかった！」

「世界一周旅行をしている！　楽しい！」

というように過去形や現在進行形で書くのです。

なんともあやしい自己啓発のような話になってしまいますが、「○○をしたい」という言葉を使うと、「現在はそれができていない」というのが自分の潜在意識の部分に刷り込まれてしまいます。

逆に「○○をした」「○○をしている」と書くと、その状態になっているのが当たり前というのが潜在意識に刷り込まれ、それを意識し続けると、まだその状態になっていない、できていない現状に違和感が出てくるようになります。

すると、潜在意識がなんとか叶えようと働くわけです。

このようにポジティブな表現を繰り返すことを、「アファメーション」（自己肯定のための暗示）と言います。

これは世界レベルのスポーツ選手であれば必ずやっているテクニックです。なぜ自己暗示をかけるかといえば、やるとやらないとでは、記録が大きく異なってくるからです。

・夢を叶いやすくする方法その2
「書いた夢を眺めながら、ニタニタする」

「中野くん、夢を眺めながら、ニタニタするんだよ」

2つめは、このように教わりました。

たとえば、私には「X JAPAN」のYOSHIKIさんから電話がかかってくるという夢があります。その夢を眺めながらニタニタするのです。こんなことを妄想しながら。

「うわあ、YOSHIKIから電話がかかってきちゃったら、どうしようかなあ。『あなたの本を読んで感動した！　対談したい！』なんて言ってきたら最高！　冷静をよそおって『喜んでお受けしますよ』と紳士な対応をするぞ！」

ニタニタすることで視界が広がります。そのことによって、右脳にアクセスできることになり、潜在意識に命令言語をよりインプットしやすくなるのです。

さらに夢リストに「ベンツを買った」と書いてあるなら、ベンツの写真を一緒に貼ったり、ベンツのディーラーに見積もりに行ったりするのも効果的です。

「モルディブに行った」と書いてあるなら、モルディブの風景の写真を貼り、モルディブ旅行のパンフレットを旅行会社にもらいに行き、毎日眺めるのもいいでしょう。

ちなみに私はベンツのディーラーに行き、見積もりをし、パンフレットをもらい、そのパンフレットのベンツの運転席の写真に、自分の顔写真を貼っていました。

このように、**視覚化しながら想像することを「ビジュアライゼーション」（視覚化）と**

呼びます。

「アファメーション」「ビジュアライゼーション」というと、聞きなれない言葉なので、とっつきにくいかもしれません。

しかし、誰にでも実行できるレベルに徹底的に噛み砕いていくと、「朝晩、現在進行形で書いた夢、目標を眺め、ニタニタする」だけです。

時間にして1日数分です。頭を使う必要もない。これで夢が実現していくのだったら、あなたはそれでもやらないですか？

夢は毎日、カバンのなかに

「朝晩、書いた夢を眺めながらニタニタする」と言われても、あまりにも簡単なことなので、拍子抜けするかもしれません。

「こんな簡単なことでうまくいくはずがない」「そんなことでうまくいくなら、なんでもっと成功する人が出てこないんだ」などと思われるでしょう。

でも、これで成功確率は格段に上がります。誰も「やらない」だけなのです。

嘘だと思うなら、まわりに聞いて確かめてみてください。

「あなたは夢や目標を持っていますか?」と聞いて「ええ、持っています」と答えた人に、

「それじゃあ、その夢や目標を紙に書いていますか?」と質問してみてください。

「書いている」と答える人は、10人に1人もいないでしょう。

さらに「書いた夢や目標を、朝晩、眺めていますか?」と聞いてみてください。

「はい」と答える人はほとんどいないはずです。こんなことをやっている人は、経営者対象のセミナーですら、多くても1%程度です。

これは、成功をみずから拒否しているとしか考えられません。逆に言えば、これだけ単純なことをやればトップ1%に入れるということです。

そしてさらに、自分を変え、豊かになることを加速させる必殺技があります。

「夢リストをカバンに入れて、つねに持ち歩く」

これだけです。

「お前、バカにしているのか」と怒られそうですが、本当です。

手帳の書式や素材は関係ありません。肝心なのは、書いた夢や目標をいつでも取り出して、見られる状態にしておく。それだけです。

つねに夢を持ち歩くことで、現実が変わる

カバンに入れて持ち歩くと、どんなことが起こるのか？

カバンに入れておくことで、毎日、夢や目標を意識しているということになります。つまり朝と晩だけではなく、日中でも頭の片隅で意識しているわけです。

さらに、少し時間ができたら取り出して眺めてみる。

すると、ほとんど無意識に「目標を達成するためにはどうしたらいいか」という質問を心のなかですることになるのです。

「この夢・目標に一歩でも近づくためには、いま、この瞬間に何をすればいいかなあ」

「この夢・目標を実現するためには、何が必要だろう？」

答えを探そうと努力する必要はありません。ただ、心に質問してあげるだけでいいのです。すると、潜在意識が働きだします。

ふっとアイデアが浮かんできたり、書店にふらっと立ち寄ってみると関連する本が見つかったり、会いたかった人に会えたり……。夢や目標の実現をサポートするような出来事が起こってくるはずです。

そして、**このような小さな変化に気づいてあげるようにしてください。**

ちなみに、私も「そんなに簡単だったら、なんでもっと成功する人が出てこないんだ」と疑問に思い、メンターに質問したことがあります。

するとメンターは言いました。

「そのとおり。成功する人が大量に出てこない理由が、ないんだよ。
これだけ簡単だということを知っていればの話だけどね。
成功することは難しい、と思わされてきているんだよ。

なぜか？　誰も成功するのが簡単だとは言わないからだ。だって成功する人が増えたらライバルが増えるだろ。だから、成功することは難しいと思わせておくほうが都合がいいんだよ。要するに催眠術にかけられていたわけだ。成功するのは限られた人間だけなんだ、という催眠術に。だから誰もやらないんだよ。

僕は、僕が実際にやってきたことをたくさんの方に伝え、具体的なしくみや環境を提供することで、性別・年齢・国籍・人種・民族・宗教・出身地などの属性によらず、活躍できる社会を実現したい。

きちんと努力をすれば、限られた人間だけでなく、誰もが物心両面で豊かになれるということを証明したいんだ」

私もそのビジョンに共感し、共に進んでいます。

目標の精度を上げる「ぐ・た・い・て・き」の法則

ここまでに書いてきたことを実践するだけで、あなた自身は少しずつ変わり、豊かになっていくために動きはじめます。ただし、

「なんだ、こんな簡単なことでいいの？　これならすぐにできる。でも私はもっとやる気がある。多少労力はかかってもいいから、夢の実現をもっと加速させる方法はないの？」

という真剣な方もいるでしょう。

そんなあなたに、目標実現をさらに加速するスーパーチャージャーがあるのでお教えします。それは、

「夢・目標が適切な形式で書かれているかをチェックする」

ことです。

ここまで夢リストに書いた夢・目標は、期間に関してはとくに制限をかけませんでした。ものによっては、達成までに5年から10年かかるものもあるでしょう。正直なところ、その達成状況を毎日チェックするのはなかなか難しいです。

それをやると、何日経っても実現に近づいているという実感が得られないので、自己嫌悪に陥ってしまうことがあります。

そこで、日常の目標設定としては、もっと身近なものをつくる必要があります。

つまり、長期間にわたる大きな目標だけでなく、数か月から1年以内に達成できそうな目標もあったほうがいいのです。

長期の目標と短期の目標。これをバランスよく使いわけると、挫折することなく目標達成に向けて進み続けることができます。

短期目標の立て方のコツ

ここで重要なのは、短期目標の設定方法です。短期目標をスムーズに達成していくための指標として「**ぐ・た・い・て・き**」の法則があります。

「ぐ」：具体的であること

抽象的な指標は誤解を生むので、関わる人が理解できる指標を設定すること。

「た」：達成可能であること

高い目標であればよいというものでなく、現実的に達成につながる高い目標設定であること。ただし、容易に達成できたり、創意工夫せず達成できるような低レベルな指標設定ではないこと。

「い」：意欲が持てること

みずからがワクワクして、意欲が持てる目標でなければ行動に結びつきません。みずからが参画し立てた目標設定だから意欲が生まれ、行動し続けるのです。やらされ感や義務感で嫌々おこなわないこと。

「て」：定量的であること

指標はすべて数値化され、客観的な指標として評価できること。

「き」：期限つきであること

達成の期限が明確であること。

例をあげてみましょう。

あなたが豊かになりたいとします。でも「豊かになる」という目標は抽象的です。

そこで、この「豊かになる」という目標を、「ぐ・た・い・て・き」の法則を用いて書き直すと、次のようになります。

「ぐ」…具体的であること「30歳までに月収が100万円にアップすること」
「た」…達成可能であること「いまが月収50万円だから、努力すれば達成可能だ」
「い」…意欲が持てること「月収100万円になったら最高！　絶対にやるぞ！」
「て」…定量的であること「月収100万円」
「き」…期限つきであること「30歳までに」

「豊かになる」というざっくりとした夢が、「30歳までに月収100万円を達成する」というように、文字通り具体的になりました。

以上のように「ぐ・た・い・て・き」の5つの要素を明確にすることで、実践すべきことが明確になり、やる気が喚起《かんき》されるのです。

「ぐ・た・い・て・き」という言葉を自分自身に言い聞かせながら取り組むことで、目標が目に見えて近づいてくることを実感できるはずです。

はじめの一歩にフォーカスする

「ぐ・た・い・て・き」の法則で絞り込んだひとつの目標について、その目標に今日一歩でも近づくために、まずは何をしなければならないのか。

それを、どんな小さなことでもいいから手帳に書いてみてください。

今日の一歩、はじめの一歩が重要です。

なぜなら、私も含めて多くの人は、はじめの一歩を踏むのに時間がかかるためです。

逆に言えば、その一歩目を踏めたら、今度はそれに応じた新たな展開があるので、二歩目が踏みやすくなります。

はじめの一歩を踏む頻度を高めれば、ものごとの進み方がスピードアップします。

もし「はじめの一歩」「一歩でも近づく行動」が思いつかないなら、思いつかないままでも大丈夫です。

そのときは、「答えは、寝ている間に出てくる」と暗示をかけて眠ってしまいましょう。

翌朝、ノートを開いて、もう一度、自分自身に質問してみてください。今日、取るべき小さな行動が浮かんでくるケースが増えることに気づくでしょう。

さらに、紙に書いた夢・目標は声に出して読んだほうが早く実現します。おすすめは、寝るときに、絞り込んだひとつの目標を念仏のように唱えることです。

「またそんな非科学的なことを言って！」と思いますか？　何度も言いますが、私はこれを実践してきて夢・目標を叶えてきたし、いまも実践していることです。騙されたと思って、ぜひやってみてください。

実現したい目標を書いてみよう

その目標は
「ぐ・た・い・て・き」になっていますか?

「ぐ」…

「た」…

「い」…

「て」…

「き」…

脳が条件反射的に「快楽」を得るようにしくみをつくる

「ぐ・た・い・て・き」の法則を踏まえていない目標は、途中で挫折しやすくなります。

たとえば、あなたの年収が500万円だとします。

それがいきなり、「1年以内に年収1億円」という目標をつくったとします。

長期的な目標（願望）はこれでもOKですが、現実として、年収500万円の人が年収1億円を1年以内に達成しようとするのは、馬鹿げていますよね。

もしくは、まだ1店舗しか展開していない社長が「今期の目標は、2535店舗!」なんて数字を宣言すると、それが達成できない場合には、会社全体がフラストレーションを抱えることになります。

このように非現実的な数字を掲げると、いつまでたっても達成できないので、目標に向かって進むこと自体に面白みや楽しさを感じなくなってしまいます。これでは逆効果になるのです。だから「ぐ・た・い・て・き」が大切なのです。

脳を勘違いさせて、目標達成を楽しいものにする

目標達成が上手な人というのは、達成できると、紙に書かれた目標の横に花マルを書いて「達成」を宣言したり、自分にご褒美をあげたりする習慣を持っています。

たとえば、私のお弟子さんのHくんは、仕事の目標を達成するたびに好きなお酒を開ける、というように、自分自身に「小さなご褒美」を頻繁にあげています。

つまり、**そうすると「酒＝楽しい」ではなく「目標に向かうこと＝楽しい」と脳が勘違いし、サイロトロピンというやる気ホルモンを脳下垂体から出すということがわかっています。**

（1）酒＝楽しい
（2）目標に向かうこと＝楽しい
（3）やる気ホルモンの分泌
（4）目標に向かうこと＝もっと楽しい

このような、いい循環に入っていくことになるのです。

人や動物に働く、快楽を感じると脳からドーパミンが分泌される脳内システムのことを「脳の報酬系」といいます。個々によって快楽と感じるものは異なりますが、脳の報酬系システムは誰にでも働きます。

従って「○○のあとに快楽がある」の「○○」をつらさや困難とし、そのあとに「自分にとっての快楽」を設定しておけば、「また、あの快楽を味わいたい」という報酬系システムが働き、それが困難を乗り越えるモチベーションとなるのです。

ぜひ、あなたにとってのご褒美を決めてみてください。

第3の習慣

The Third habit

セルフイメージを高める

「げんじーさん」を味方につける

「ホメオスタシス」という言葉をご存じでしょうか？　日本語で言うと「恒常性《こうじょうせい》」と言います。人には、つねに「その状態でいよう」とする性質があります。暑ければ汗を出して体温を下げようとし、寒ければ筋肉を震わせて体温を上げようとします。

潜在意識の働きのひとつに、この恒常性である「現状維持プログラム」というものがあります。いまの自分を維持しようとする働きです。潜在意識は変化を嫌うのです。

恒常性やホメオスタシスでは少々覚えづらいので、私はいつも現状維持という言葉から取って「**げんじーさん**」と呼んでいます。

潜在意識の究極の目的は「生存」です。

たとえば、歩くときに「右足を出して、次に左足を出して……」などといちいち考えていたら歩くことはできません。呼吸もそうです。私たちは無意識に呼吸しています。

では、仮にあなたが「成功しよう！」と思ったとします。

「新しいことに、チャレンジしよう。私は絶対、成功する！」

このように顕在意識が思うと、潜在意識はどう思うでしょうか。

「いままでの自分と変わってしまう！ いまのままだったから生きてこられたのに、変わると死んでしまうかもしれない！ なんとか止めないと！」

このように、潜在意識が強烈に反発するのです。潜在意識の働きである「げんじーさん」のことを理解していないと、変わろうとした瞬間、

「こんなこと、やっても意味ないじゃん」

「別に、いまのままでも普通に生きてこられたし、成功しなくてもいいじゃない」

「あの人は信じられない。私は騙されてる。愛されてない」

「変化するのが怖くなってきた。なんか不安だ」

「げんじーさん」が顕在意識にこのように思いこませ、心のブレーキを踏んでしまいます。

「変化しよう！　成長しよう！　成功しよう！」と思ったときは、現状維持プログラムを持つ潜在意識をどのように味方にするか？　が重要になってきます。

あなたも「今月は、絶対にこれを達成してやる！」と意気揚々と目標設定をしたのに、いつの間にかそんなことを忘れて、元の生活に戻ってしまうことはありませんか？

月初《げっしょ》の会議で「この数字を絶対、達成します！」と宣言したのに、結局できなくて、月末間近になると「なんで達成できないんだ！」と上司に怒られてしまう。そのような悩みを持っているかもしれません。

じつは、成功者は「げんじーさん」を味方にして目標設定・目標達成していたのです。

「げんじーさん」を味方につける3つのコツ

「げんじーさん」の反発を受けないコツを3つお伝えします。

・コツ1：「小さく」「ゆっくり」「丁寧に」行動する

「げんじーさん」の反発を受けずに成長するためには、どうすればいいのでしょうか？

ズバリ、答えは「げんじーさん」に、あなたが変化しているとバレないように、「小さく」「ゆっくり」「丁寧に」行動するということです。

大きな玉を押して転がすのを想像してください。最初はどんなに小さくても、どんなにゆっくりでも、玉が転がりはじめると、どんどん加速して、逆に止めることが難しくなってきます。「慣性の法則」です。心にも慣性の法則は働くのです。

私たちは、何かにチャレンジすると「大きく」「速く」「大胆に」変化・成長しようと考えます。そうすると「げんじーさん」はこのように考えます。

「変わってしまう、なんとか止めないと！」

「げんじーさん」のことを理解して、最初のステップは「小さく」「ゆっくり」「丁寧に」変化してください。これについては次項でくわしく説明します。

・コツ2：目標やチャレンジを、近しいまわりの人に言わない

「げんじーさん」は自分だけでなく、もちろんまわりの人にもあります。

とくに仲のいい友だちや親兄弟・会社の上司や先輩は、あなたが「よくなっていこう！」「成功しよう！」と新しいチャレンジの試みを相談すると、どう言うでしょうか？

「そんなことは必要ないよ。いまのままで十分だよ」

「彼（彼女）に、騙されているよ」

「私がサポートしてあげるから、必要ないよ」

このように、あなたのチャレンジを拒みます。

もちろん悪気《わるぎ》があるわけではなく、親しければ親しい人ほど、彼ら・彼女らの「げんじーさん」が働くのです。

では、まわりの人の「げんじーさん」に邪魔されないようにするためにはどうするか？

あなたの「企み」「チャレンジ」を自分のなかに秘めておけばいいのです。

結果が出てから教えてあげましょう。「話したいけれど、話せない」というほうが、爆発的なエネルギーが出て、成功するのです。

・コツ3：信頼できるメンターをつくる

自分やまわりの人の「げんじーさん」に影響されないようにするための、もっとも簡単で重要な方法をお伝えします。

それは、あなたの結果が出ることが本当に嬉しいと喜んでくれる、信頼できるメンターに弟子入りすることです。

「あなたの成功＝メンターの成功」のような関係であれば、「げんじーさん」に負けることなく、あなたを成功へと導いてくれるのです。

私にも素晴らしいメンターがいます。私の夢・目標を応援してくれます。私の達成を自分ごとのように喜んでくれます。あなたもぜひメンターをつくってください。

毎日の行動を変える2つのステップ

「げんじーさん」を味方につけるコツのひとつとして、「小さく」「ゆっくり」「丁寧に」行動することが大事だと述べました。それをもう少しくわしく解説します。
これには大きく分けて2つのステップがあります。

小さな行動をして、それを確実に毎日達成する

・**ステップ1「確実にできる小さな行動をする」**

私の場合、ビジネスオーナーを目指そうとしたときに、メンターに、

「勉強会があるから、そこに参加して勉強していくといいよ。その勉強会の内容を、まずはステップアップしていくんだ。そして、最低でも3か月は継続して参加するんだ。あと、メンターや兄弟弟子との時間をこまめにつくるんだよ」

と言われて、ステップアップしていきました。

勉強会に参加して勉強するだけ、メンターや兄弟弟子とお会いして話をするだけ、という小さな行動からだったので確実にできました。

もちろん勉強会に参加しながら、そこで学んだことを実践していきました。

いきなり大きなことをやろうとして、失敗しては意味がありません。努力すれば確実に達成できる行動を目標にするのです。

- 部屋の掃除からはじめてみる
- 夢リストを書いてみる
- 1日20分だけでも読書をしてみる

・セミナーに参加してみる
・刺激を受ける人と会ってみる

など、少し意識すればできる行動をするのです。

はじめは小さなステップを踏んでいくことで、「げんじーさん」にあなたがこれから試みようとしていることが「本気なんだ」と理解させることができます。すると「げんじーさん」を味方につけることができるのです。

重要なことは、はじめは小さくステップアップすることで、行動が行動を呼び、変化が変化を呼び、やがて大きな変化を「げんじーさん」の抵抗を受けずに加速度的に進めることです。

もちろん、小さく変化しても「げんじーさん」が元の自分に戻そうと引っ張ってきます。それを「もっとよくなっていきたいんだ！」と意思の力で乗り越えるのです。

・ステップ2「毎日、達成する」

ここで重要なポイントは、確実に達成できる簡単なゴール設定をして、毎日行動して、達成して、勝ちグセをつけることです。

設定する目標は、

・いままでにやっていなくて
・確実に毎日達成できること

がオススメです。たとえば、

・毎朝、体重を量る
・毎朝、毎晩、夢リストを見る
・毎日3つ、スマホに自分の長所を書く
・毎日3つ、スマホにその日うまくいったことを書く
・毎日、日記を書く
・毎日、メンターに報連相《ほうれんそう》をする
・毎日、コンビニなどの店員に「ありがとう」とお礼を言う

などです。

これをする理由は、「ゴール設定→行動→達成」を、毎日繰り返すためです。

すると、潜在意識は、このように考えます。

「目標設定することは、達成できる！」

毎日の小さな繰り返しが最大の暗示になるのです。

このようにして、「げんじーさん」に抵抗されず、味方につけて、小さなステップを繰り返すことで、やがて大きく達成できるようになります。

私の場合は、毎日、朝と晩に夢リストを見るということと、毎日3つ、その日にうまくいったことを書くということを3か月間やりました（夢リストは、いまでも毎日見ています）。

毎日メンターに報連相をすることにいたっては、5年間継続しました。

毎日達成することで達成グセがつきましたし、「自分の人生は、毎日こんなにうまくいっていることがあるんだ」という、いい自己暗示ができたのです。

自分CPUをバージョンアップする

ここまで書いてきたことを実践しても、結果が出ない人がいます。

その理由は、自分の脳を新しいプログラムに書き換えたとしても、脳のCPU（中央演算装置）が古ければ動かせないからです。

10年前のコンピューターでは、最新のソフトウェア・プログラムを動かせないのと同じです。新しいプログラムを動かしていくためには、CPU自体をバージョンアップしていく必要があるのです。

あなたにとってのCPU、それは「セルフイメージ」です。

生まれてから今日までに出会った人、出来事、環境がセルフイメージを形成してきています。自分が自分に与えているイメージです。つまり「**自分が思う自分**」です。

親、友だち、先生に言われたこと、上司や先輩から受けた扱い、すれ違った人の視線、自分がやったことに対する評価など、無数の経験から「自分はこんな人間だ」「そうあるべきだ。それが私」「そうあるべきではない。そうじゃないのが私だ」と限定します。

「服のセンスがいい」

「こまごまとしたことが好き」

「あきらめが悪い」

「変だと思われたくない」

こんなふうに限定することでアイデンティティを保っているのです。

コンフォートゾーンを飛び出そう

このセルフイメージが昔のままだと、どんなに優れた目標をつくっても実現できません。

簡単に言うと、自分は凡人だというイメージを持っていたら成功者にはなれないのです。

どんなに成功法則を学んだとしても、自分は凡人であると思っていたら、成功しはじめても自分ではその成功に気づけないからです。

結果が出はじめても、それは単なる偶然だと考えてしまうのです。

たとえ他人からは「すごいですね」と評価されたとしても、「いや、そんなはずはない」と、成功しはじめた自分を否定してしまいます。

自分のこれまでの殻＝セルフイメージを超えたとたんに不安になり、「げんじーさん」がいままでの自分に戻そうとします。

ここが自分らしい場所だと決めて、そのなかで落ち着いてしまうのです。

私たちはみんな、自分らしく安心して行動できる一定の「コンフォートゾーン（快適な領域）」というものを持っています。

その「コンフォートゾーン」のなかにいる間は、セルフイメージは平穏で、何の干渉も起こりません。

しかし、コンフォートゾーン以上の成果が出てしまうと、もとに戻るまでセルフイメージのほうでブレーキをかけてしまうのです。

つまり、自分のコンフォートゾーンを変えてしまえば、行動も成果も変わるということです。

コンフォートゾーンを変えるには、セルフイメージをつくり変えなくてはなりません。あなたはいまのセルフイメージを、自分の望むセルフイメージと取り換えることができます。そして、それにより、自分の行動や成果を永久に変えてしまうことができるのです。

その方法については、次項でご紹介します。

なぜ、宝くじが当たった人の多くが、破産してしまうのか

あなたのいまのセルフイメージがどうなっているか、次のワークで簡単にわかります。

「私は○○だ」

この○○を、思いつく限り埋めてみてください。そして、それをお手もとにある紙に5分間、手を止めずに書き続けてください。5分は慣れないうちはかなり長いですが、ゲーム感覚でやってみましょう。たとえば、

「私は会社員だ」「私は年収300万円だ」「私は平凡だ」「私は仕事が速い」「私はお金の管理が苦手だ」「私は時間の管理が苦手だ」「私は自信がない人だ」「私は痩せている人だ」「私は太っている人だ」「私はギターがうまい人だ」「私はやりたいことがあっても、なかなか行動に移せない人だ」「私は面倒見がいい人だ」「私は人前で話すのが苦手だ」「私は朝が苦手だ」……など。

たくさんの分野の「私は○○だ」が出てきたと思います。その紙に書かれているすべてが、あなたのそれぞれの分野におけるセルフイメージです。

そのなかでもっと伸ばしたいセルフイメージを、伸ばせばいいわけです。

理想の人生に役に立たない、足を引っ張るだけのものは、どんどんセルフイメージを書き換えていけばいいのです。

多くの人が、自分の人生がもっとよくなるためには、何かを変えなければいけないことはわかっています。

しかし問題は、私たちが自分の内側から変わることをせずに、他人や他のものが変わることを求めてしまうことです。

「友人たちがもう少し違っていれば」「上司がもう少し変わってくれれば」「妻さえ考えを変えてくれれば」「景気がもう少しよくなりさえすれば」など、「せめて」「さえ」「だったら」ということばかりを求めます。

これではダメなのです。まずあなた自身のセルフイメージから変えることです。

とはいっても、セルフイメージを変えるときには、「げんじーさん」が変化に抵抗します。セルフイメージが私たちに語りかけてくるのです。

朝早くに目覚まし時計が鳴ったときに、ふと「君は疲れているじゃないか。今日は起きなくていいよ。もう少し寝ようよ」という声が聞こえることはありませんか？

セルフイメージは自分自身の内面にあって、私たちに語りかけてくるのです。

あなたのセルフイメージによって、「どうして勝てそうだと思うのだ。いままで勝ったことなど一度もないじゃないか」と言う場合もあれば、「いつも勝っているんだから、今回も勝てるに違いない」と言う場合もあるのです。

宝くじで高額当選した人の7割以上が全財産を失ったり、自己破産するというのは有名な話です。当選者には「その日から読む本」という冊子が配られて、そうならないように啓蒙しているそうです。

投資やビジネスで時代の流れに乗って、たまたま億を稼いだ人や、最近では仮想通貨で「億《おく》り人《びと》」になった人もたくさんいます。

しかし、急に1億円稼いでも、そういった人の大半は大損して、最終的にはすべて失ってしまう人が多いです。ずっとお金持ちという人はなかなかいません。

なぜこのようなことが起きるのかというと、億単位のお金を手にするセルフイメージができあがっていないからです。「げんじーさん」が年収300万円の自分に戻そうと働きかけてくるわけです。

あなたの「セルフイメージ」が「自分は年収300万円だ」で変わっていなければ、絶対に億万長者になれませんし、仮に運よく一時的に億万長者になれたとしても、同じくらいの金額を失ってしまうのです。

逆に「自分は億万長者だ」というセルフイメージがつくられていれば、たとえ破産したとしても、数年後にはまた億万長者になっているのです。セルフイメージが、億万長者に引き戻すからです。

自分に勝手に肩書をつけよう

いまの現実がどうかは、潜在意識にはまったく関係ありません。

あくまでも、あなたの潜在意識が自分自身のことをどう思っているかなのです。

現実が年収300万円であろうが、年収1億円というセルフイメージを持ってもいいのです。あくまでイメージなので、自分でどう思おうが自由です。

ですから、勝手に自分自身に「私は○○だ」という肩書きをつけてしまいましょう。

「私は年収1億円を稼いでいる経営者だ」「私は誰からも好かれる人間だ」「私は人前で話すのが得意だ」「私はスーパーグレート経営者だ」など、好きなセルフイメージを自分自身につけてください。


根拠のない自信でいいのです。理由も根拠も証拠も必要ありません。

ただの思い込みでいいので、セルフイメージを変えていくことがカギです。

幸せなお金持ちになりたいのであれば、「私は幸せなお金持ちだ」と心から言えるくらいになればいいのです。そこで「現実は年収300万円やん」と顕在意識がツッコミをいれてきますが、そんなことは一切無視してください。

実際に私が自分につけた肩書きとしては、「私は天才だ」「私はスーパーハードワーカーだ」「私は誰からも好かれる人間だ」「私はすぐに誰とでも仲よくなれる人だ」「私は月収100万円を稼いでいる経営者だ」などでした。

月収100万円になってからは、「私は年収1億円を稼いでいる経営者だ」に書き換えましたし、いまは年収1億円になったので、「私は月収1億円を稼いでいる経営者だ」と書き換えています。

自分に好き勝手に肩書をつけよう!

居心地が悪く、環境のいい場所に身を置く

セルフイメージをもっとも効率よく上げる方法があります。荒療治《あらりょうじ》ではありますが、即効性がある方法です。

それは「つき合う人を変えること」です。

自分が目指すレベルにいる人たちの輪のなかに、飛び込んでしまうのです。

当然、最初は居心地が悪いです。コンフォートゾーンの外側なので、緊張して、疲れる

でしょう。飛び交う会話にも入れずに、首を右、左、まるでテニスの試合の観客のようになるかもしれません。「お先に失礼します」といって退出するときには頬が痛い。ずっと変な笑い方をしていたからです。家に帰ってからほっとする。「いるべき場所は、やっぱりここだな」としみじみ思う。

でも、そのレベルの輪のなかに何度も通っているうちに、いつの間にか「こっちのほうが当たり前だ」という状況になっていきます。

そこにいる人たちが使っている独特の言葉使いや言い回しがあり、その口グセが移るにつれて、セルフイメージが高まっていくでしょう。

「成功するのは一部の人間だ」というのは、成功しない人たちのなかでの常識です。たしかに成功する人たちは、全体の数と比べると一部かもしれません。しかし、その人たちは集団で固まっているのです。そして、そのなかにいる人たちは全員成功していくのです。

「中野くん、成功する鳥は群れをなして飛んでいるんだよ。大切なのは、そのなかに入れるかどうか。そのなかに居続けることができるかどうかだよ」

こうメンターに教わりました。あなたが誰とつるんでいるか、群れているかでセルフイメージが変わり、人生が変わっていくのです。

長く過ごす「6人」を変える

いま、あなたがよく一緒にいる人を6人、思い浮かべてください。

基準はあくまで「一緒に過ごす時間の長さ」で、人間関係の濃さではありません。

長く時間を過ごしていると思うトップ6人を思い浮かべ、その人の働き方と収入を書き出してみてください。

その6人の平均が、将来のあなたの姿と言われます。

24歳のときにメンターに言われ、これをやってみたのですが、書き出した6人全員が会社員でした。

もちろんそれが悪いというわけではありません。しかし、私はビジネスオーナーになりたい思っていましたから、そこからは一緒にいる人を変えていきました。

ビジネスオーナーとして成功している人ばかりの環境に飛び込んで、月収が100万円~200万円を超えるような方々と一緒にいるようにしました。

とても勇気のいる選択でしたが、5年後に、本当に私も月収100万円を超えました。

この「一緒にいる6人の平均が将来のあなたの姿」という法則は、本当だと身をもって体感しています。

影響を受ける先と、受けない先を決める

ある日、メンターに「**居心地が悪くても、自分の成長にとって環境のいいところに身を置くといいよ**」と言われました。

たとえば目的が「英語がペラペラになること」ならば、日本人がいないようなアメリカ

の田舎の州に行くのが一番早いです。日本語が通じず、自分もまだまだ英語が苦手な状況では、かなり居心地が悪いはず。でも、成長は著《いちじる》しいでしょう。

英語しか話せない人に囲まれ、自分を英語漬けにしたら、どんなに不器用な人でも1年もあれば英語が習得できるでしょう。

逆に「居心地がよく、自分の成長にとって環境の悪いところ」は最悪です。**実家にいて、コタツに入って、みかんを食べてテレビを見ながらのんびりしていたら、居心地はいいでしょうが成長はありません。だから実家はすぐに出るべきです。早くひとり暮らしをはじめましょう。**

もしあなたが成長したいのであれば、あなたのステージを引き上げてくれる人と一緒にいることが重要です。いつもと違う違和感やギャップを成長の伸びしろと捉えて、勇気を出してステージの高い人と一緒にいることをおすすめします。

経済的自由、時間的自由を手に入れたいのであれば、影響を受ける先を、経済的自由、時間的自由を手に入れている人たちに限定するということです。影響を受ける先と、受けない先を明確にして、自分で選ぶのです。

はっきり言いますが、愚痴《ぐち》や不平不満、人の悪口ばかり言っているネガティブな人からは離れたほうがいいです。

実際、否定してくる人のほとんどは、自分ではやったことがない人、目指そうとも思っていない人、もしくは一度チャレンジしたものの中途半端であきらめた人です。

そういった人は、自分を正当化するためにネット上に匿名《とくめい》でネガティブなことを書いたりして、誰かに同調してほしいのです。ネット上でネガティブなことを言う人は、自分のことを認めてくれる仲間を求めているだけなのです。

自分があきらめたから、同じようにあきらめさせたいから、ネガティブなことを言ってくるのです。だからネット上にはネガティブなことがあふれているわけです。

成功している人は、ネットにネガティブなことを書きません。

やはり、リアルに会って話ができる、成果を出している人とつるむべきなのです。

「中野くん、愚痴や不平不満をどれだけ言っても、君の人生は1ミリもよくならない。メリットはひとつもないからね。そして、愚痴や不平不満、人の悪口ばかり言っている人とは距離を置くんだよ。自分の人生にすら傍観者《ぼうかんしゃ》でいる人の唯一の楽しみは、目指している人の批判だからね。気をつけるんだよ」

と、メンターに言われました。

せっかくあなたの心に灯《とも》った情熱の火種を、ネガティブな人の心ないひと言で消されてしまうのはもったいないです。ネガティブからは離れ、自分を引き上げてくれる人と環境を選びましょう。

あなたの理想を実現しているモデルに「なりきる」

「**中野くん、理想の自分を〝いま〟生きるんだよ**」

メンターに言われたこのひと言は、私の人生に大きな影響を与えました。

・もう成功した自分でご飯を食べる
・もう成功した自分で車を運転する
・もう成功した自分で仕事をする
・もう成功した自分で人と会う
・もう成功した自分で計画を立てる

・もう成功した自分で問題に対処する

前述した「自分に勝手につけた肩書」を演じるのです。そうすれば、あなたは成功した自分に瞬間移動することが可能です。

私が実際にやった方法は、メンターに「なりきる」ということでした。

メンターは私の理想像だからです。

いままでの自分は記憶喪失か何かで死んだことにして、理想のセルフイメージの自分になりきってしまいます。服装、仕草、喋り方など、すべてを真似しました。

古い自分の考えや感覚は忘れて、すべてにおいて「メンターだったらどうするかな？」というほうを選択しました。

あなたも理想の自分像のモデルを見つけて、真似をして、なりきってみてください。

最初は慣れずにフワフワした気分になりますが、続けていくことで、本当に理想のセルフイメージが定着していきます。

もちろんすぐにできないこともあります。そのときも「理想像の◯◯さんだったら、う

まくいかないときはどう考えるかな?」「月収100万円の私だからこうしよう」と考えてみてください。きっと、いままでの自分とは別の答えが導かれるはずです。

ニセの札束を目に見えるところに置いておく

ほかに、私がセルフイメージを高めるためにやったことは、「ニセの札束」を目に見えるところに置いておくということです。

まだ独立したばかりで月収30万円くらいのときに、仕事机の目の前に100万円の札束を2つ置いておきました。もちろん、そんな大金を持っていたわけではありません。ニセの札束です。100万円の一番上と一番下だけが本物のお札で、間の98枚は紙でできたものです。**「自分はそれくらいお金を持っているのは当たり前だ」とセルフイメージに思い込ませるためです。**一時期は財布にも入れて持ち歩いていました。

このように、私は信じてなりきってみて、実際に人生が変わりました。あなたもぜひ、楽しみながらやってみてくださいね。

CDとDVDで学習する

人生を変え、金銭的にも精神的にも豊かになっていくには、3つの方法があります。

1つは「本」との出会い。

2つめは「人」との出会い。

そして、3つめの方法。それは「CD、DVD」との出会いです。

もちろん、趣味や娯楽のための音楽のCDやエンタメのDVDではありません。

成功している経営者の講演CDやDVDです。

この習慣は、私だけがやっているものではありません。私のまわりの成功している起業家を観察していると、彼らは移動時間中に必ずといっていいほど、このようなCD、DVDを視聴しています。

CD、DVDを聴くことの効果は、「知識が増える」ということだけではありません。

ほかにも3つの大きなメリットがあります。

CD・DVD学習の3つのメリット

その3つのメリットとは「時間が増える」「つねに前向きな発想になる」「行動力が高まる」という点です。ひとつずつ解説していきます。

・メリット1「時間が増える」

CD、DVDでの学習の習慣をつけると、12か月が14か月に増えます。

たとえば通勤時間中にイヤホンを耳に突っ込む。通勤時間が仮に毎日2時間だとしましょう。すると1週間で10時間勉強できます。月に40時間。年間にすると、なんと480時間です。通勤電車が「動く勉強部屋」に変わります。通勤がまったく苦にならずに、むしろ、きわめて生産的な時間になるのです。

・メリット2「つねに前向きな発想になる」

人間はぼーっとしていると、つい否定的なことを考える生き物です。

だから何も工夫しないと、大抵の場合「疲れた」「困った」「心配だ」などのマイナスのことばかり心のなかに浮かんできます。

すると現実でも、マイナスのことが目につきやすくなってしまうのです。

ところがCD、DVDというのは、成功者のポジティブな話を収録しています。

ぼーっとしながらでも、成功者のCD、DVDを聞いていると、ポジティブな思考に顕在意識が引きつけられているので、自分のマイナス思考、すなわち否定的な声が聞こえなくなります。つまりマイナス思考をポジティブ思考に矯正《きょうせい》するという効果があるのです。

その結果、前向きなアイデアが出やすくなるのです。

・メリット3「行動力が高まる」

CD、DVDを聞くことは、行動力のアップにもつながります。

知識には「ただ単に知っている」という段階と「行動につながる」段階があります。

たとえば「テニスを上達したい」と思った場合、一度習っただけでは、うまくなりません。適切な身体の動きを無意識にできるようになるまでは、繰り返し練習する必要があります。

ビジネスや勉強も同じです。本を一度読んだだけ、話を一回聞いただけでは、行動できる知識にはなりにくいのです。

何回も繰り返し読んだり聞いたりすることによって、その知識が血肉となり、適切な行動が無意識にできるようになるのです。

このように、CDやDVDはメリットだらけです。

いまはオーディオブックもかなり国内で増えてきましたので、ネット書店などで調べるとたくさんいいCDやDVDに出合うことができます。ちなみに私は、「ASKアカデミー・ジャパン」の松田友一会長のCDを、車のなかでつねに聴いています。

CD、DVDを聴く習慣の重要性を訴えると「通勤時間が短いので、聴く時間がない」と言い訳をして実行しない人がいます。だから、実行している人との差がつくのです。

CD、DVDを聴いている人は、宝の地図を手にしているようなものです。優れた先輩経営者が、自分の経験や成功や過ちを教えてくださっているのですから。

「愚者は自分でできると考える。賢者は先人の知恵から学ぶ」です。

あなたは、目の前に宝の地図があったら、それを手に取るのに言い訳をしますか？

これだけは言わせてください。

「とにかくイヤホンを耳に突っ込むんだ！」と。

ワンランク上のセルフイメージの高め方

ここまで書いてきた方法を実践していただくだけでも、セルフイメージはかなり変わってきますが、さらにワンランク上の方法をご紹介します。

・もうひとつの目標を設定する

ひとつの目標に到達する前に、必ず次の目標を設定することです。最初のゴールが達成されたら、その先のもうひとつのゴールに向かってください。すぐにです。

人間の心は、ひとつ目標を達成すると、すぐに怠惰になろうとします。

「いままでわき目もふらずがんばってきたんだ。そして、やっとゴールにたどりついたのだ。ゴールについたんだから、一服するとしようか」と。

しかし、次の目標があれば、あなたはこう答えます。

「休む時間はないよ。もうすでに次のゴールを決めてしまったのだから」

次の目標がないと、燃え尽き症候群になってしまうこともあるのです。

・達成するまで継続する

あたりまえですが、達成するまで継続することが大切です。

これについては、ひとつ、おもしろい寓話をご紹介します。

とある金鉱掘りがいた。

彼は長い年月、山を掘り続けた。

金は出ない。絶望と戦いながら発掘を繰り返した。

しかし、期待は裏切られ続けた。

やがて歳をとり、体力が続かなくなった。
ついにあきらめることにした。
悄然《しょうぜん》として郷里《きょうり》に向かった。
途中で出会ったひとりの青年に、金鉱の失敗を力なく語った。
青年は目を輝かせて、その話を聞いた。
そして「発掘の権利をすぐ譲ってくれ」と言う。
「いいよ」と答えながらも「でも、ムダだよ」と言い添えた。
青年は現場に着いた。さっそく仕事にかかった。
わずか一尺《しゃく》ほど掘ったときだった。
青年は我が目を疑った。
そこには、何と金の鉱脈が微笑みかけているではないか。

これは、もう一歩まできて成功のチャンスを逃してはならないという戒《いまし》めです。
達成するまで、継続するのです。成功はもう一歩先にあるのですから。

成功のためのリハーサルをする

成功のためのリハーサル、つまりイメージトレーニングです。

たとえば、お客さまにひとつの商品をすすめるとき、どのように説明し、お客さまがどのように受け取るか、応答をありありとイメージするのです。**起こってほしいことを、あらかじめ思い描くのです。**

こうしたリハーサルをやればやるほど、顕在意識が補強され、本番がうまくいく可能性が高まります。

私は毎朝起きたときに、その日のスケジュールを見ながら、すべての予定がうまくいくイメージを描いています。あなたも、その日の予定がすべて成功するように、リハーサルを習慣にしてみてください。

500時間、5000時間、50000時間の法則

「500時間、5000時間、50000時間の法則」というものがあります。仕事やスポーツや趣味など、さまざまな分野で、ひとつのことに打ち込んだ時間の総数のことで、その分野の習熟度のレベルのひとつの目安になるものです。

たとえば500時間。お花や書道などの習いごとに週に2回、2時間行くとします。1年で200時間、2年半で500時間になります。2年半継続すると、お花も書道も「**それなりに、たしなむようになりましたね**」**となる時間数**です。

仕事も一緒です。目的意識を持って生産的に働く時間が2時間、それが週にたった2日間だけであれば、2年半たっても「人並みにそれなりに商品のこともわかるし、一応、普通におしゃべりはできるようになりましたね」というレベルです。

次に、5000時間はどうでしょうか。

これは「その道一本で食べていけるようになりましたね」というレベルです。

たとえば営業マンで考えてみましょう。

ある統計では、ひとりの営業マンの「平均有効面談時間」は1日2時間と言われるそうです。つまり、1日2時間以外は、有効ではない面談時間というわけです。

「買います、買いません」「YES、NO」がはっきり出てくる生産的な営業の対面時間が、2時間しかないのです。

月に25日、平均有効面談時間が1日2時間だと、年間600時間です。

これだと5000時間に達するのに9年ほどかかります。だから、さまざまな業界で「食べていけるレベル」になるのに10年かかると言われるのです。

では、50000時間はどうでしょうか。

ここまでくると、その道のエキスパートです。


仕事でひとつの分野で50000時間の経験をしていれば、年収3000万円～4000万円、もしくはそれ以上も見えてくるような世界です。

あなたは、いまの仕事のレベルでいくと、50000時間までに何年かかりますか？

10年で50000時間を達成しようと目標を持ったとしましょう。月30日間休みなし、1日に13・8時間、生産的にどっぷり仕事をしたとして、ようやく10年で到達するレベルです。


これを私自身に当てはめてみました。

24歳でメンターに弟子入りをし、32歳で年収が3000万円を突破しました。約8年です。12か月×8年×30日＝2880日です。50000時間には1日17・3時間仕事をする必要があります。

私の場合、1日17・3時間が仕事、睡眠が5時間、食事0・2時間、移動が0・5時間、その他の時間が1時間ほどだったと思います。

私は睡眠時間を減らすと体調を壊しやすいので、1日5時間は寝る時間をなんとか確保しました。もちろん3時間睡眠のときもありましたし、仕事から帰って気づいたら玄関で寝ていることも何度もありました。そんなときは移動中に睡眠を補《おぎな》ってました。

食事は移動中、車を運転しながら食べることが多かったです。

アポイントは先方に来ていただく形に工夫して、自分は同じ場所から動かない。取引先も、やり手の社長は夜中の1時2時まで平気で事務所にいるので、当然私もその時間まで仕事になりました。

それだけ生産的に詰め込んで動いても、8年かかりました。

もちろん、ビジネスオーナーは仕事にレバレッジが効きますから、5000時間までいかなくても年収が300万円や、さらに億単位に届く人もいると思います。必要なのは、目的意識を持った生産的な時間なのです。

少年漫画のヒーローにだって、下積み時代はある

私の愛読書である『週刊少年ジャンプ』では、主人公が努力するシーンはあっというまに飛ばされます。漫画的につまらないからです。ゆえに、あっというまに努力シーンを終えて、主人公たちは大冒険ばかりしている印象を受けます。

しかし、人生に大事なのは、マンガでは省略された「つまらない修行時代」です。

つい何者かになった自分を想像して、早く到達したくなる気持ちはわかります。

しかし、そのためには気の遠くなるような努力が必要なのです。

これは人生の黄金ルールです。

世の中のあなたが憧れるような人だって、少年漫画のヒーローだって、誰もが下積み時代があるわけです。むしろ下積みを終えてからがスタートです。プロの世界とは、「努力時間何万時間ホルダー」が殴りあう場所なのですから。

第4の習慣

The Fourth habit

お金の原則を知る

「お金はあとからついてくる」は本当か？

「世の中に役立つことをやっていれば、お金はあとからついてくる」

「ワクワクすることをやっていれば、成功する」

あなたも、一度は聞いたことがある言葉かもしれません。

これは、まさしく正論です。私も大賛成です。

しかし、捉え方には注意が必要です。

まわりを見回して、客観的に考えてほしいのです。

世の中の役に立とうと、一生懸命がんばっている人はごまんといます。

でもほとんどの場合、お金に恵まれていないのです。

お金はあとからついてくると信じながら、気づいたときには歳をとっている。ワクワクすることをやるために延々と働かない人はどうでしょうか？ ニワトリが飛ぶのをじっと待っているようなもので、成功する確率は、宝くじで1億円当てるよりも難しいかもしれません。

このように、現実とかけ離れているにもかかわらず、なぜ、この言葉は常識として蔓延《まんえん》しているのでしょうか？

「ワクワク」を都合よく使うな

「世の中に役立つことをしていれば……」

「ワクワクすることをしていれば……」

じつは、これらの言葉は、成功者が「成功する秘訣《ひけつ》は何ですか？」と取材を受けた際の答えとして、とても便利な言葉なのです。頭を使わなくても済むからです。

自分が成功してきたことを論理的に検証し、そして、それを誰にでもできる法則として伝えるという面倒なことをする必要がない。正論だから誰からも叩かれない。

しかもお金持ちにとっては、「自分は世の中に役立つことをやってきたから、成功した」と自己正当化も同時にできてしまうのです。

この言葉は、凡人が怠《なま》けたい場合にも使われます。

「世の中に役立つことをすれば、お金があとからついてくる」という標語を唱え、やるべき仕事を怠けている人が多いのです。

若手社長の集まりに行くと、本業が儲かっていないにもかかわらず、なぜか社長同士が貴重な時間を使ってカンボジアの植林について居酒屋で打ち合わせをしている。さらに、儲かっていないという現実から目を逸《そ》らすために、お互いに催眠術をかけ合う。「お金はあとからついてく〜る」「お金はあとからついてく〜る」と。

「ワクワクすることをやっていれば、成功する」については、さらにやっかいです。

この標語を信じ込み、「ワクワクしなければ、会社は辞めればいい」という単純解釈する人もいます。そして本当に会社を辞めてしまって、生活が成り立たない。傍から見れば無職なのですが、それでも自分は成功すると思い込んでいる。

「ワクワク」という言葉が、現実から逃げる際の便利な表現として悪用されているとしか思えないのです。

「世の中に役立つことをする」「ワクワクすることをやる」というのは、成功者の自戒の言葉としては、とても意味があると思います。

「いままで自分は、名声や富が欲しいというエゴを原動力としてやってきた。しかし、これからはそれだけじゃダメだ。だから、さらにお金を儲けるためには人のために尽くそう、楽しむことを覚えよう」という自分に対するアドバイスを、他人に対しても言っているのです。

しかし、凡人はその言葉を単純解釈し、思考停止という弊害《へいがい》を招いているのです。

起きた事実を、どう解釈するか

「世の中に役立つことをする」ことは大事です。

その在り方で生きることは尊《とうと》いことです。しかし、物心両面で豊かになるには、その在り方で、どの方向に進んでいくかが大切なのです。

世の中に役に立つからと言って、ボランティアばかりしていては豊かにはなりません。どの方向に進み、どう優先順位をつければいいかが自分ではわからないこともあります。そのときにメンターに相談して、まずは自分が実践すべきこと、優先すべきことを教わる必要があるのです。

「ワクワクすることをする」というのは、言葉通り「ワクワクすることをする」のではなく、「ワクワクした状態（BE）でやる」ということです。

仕事では、目の前の作業にはワクワクしないことがあるかもしれません。そのときはやっていることにワクワクするのではなく、得られる結果にワクワクしましょう。楽しいことをやるのではなく、やるべきことを楽しむのです。ワクワクすることをやるのではなく、やるべきことをワクワクした状態でやるのです。

「中野くん、事実はひとつだが解釈は無数にあるんだよ。起こった事実に対して、中野くんが、どう解釈し、どう意味づけするかだ。たとえるなら、ものごとをバラ色のメガネで見るか、グレーのメガネで見るかだよ。人生の成功者はみんな、ものごとをバラ色のメガネで見て、バラ色の解釈をしているんだよ」

と、メンターに教わりました。

人生は楽しいことばかりが起こるわけではありません。うまくいかないとき、困難なことが起きたとき、その困難をどう面白がれるか、どう楽しめるかが大事なのです、

この章では「世の中の役に立つこと」「ワクワクすること」だけをしてもお金はあとか

らついてこないように、私が凡人から億を稼ぐ人になる上で把握した「本当のお金の習性」についてお話ししたいと思います。

正直、私は大学の経営学部で習った知識は完璧に忘れました。

しかし、メンターから教わった「**お金の三原則**」は、私が記憶喪失になっても、まず思い出したい重要な知識です。

1　お金に対する罪悪感を持たないこと（お金のことを好きになる）
2　お金の嫉妬を憧れに変える
3　お金に嫌われない使い方をする

ではまず、お金に対する罪悪感をなくすところからスタートしましょう。

お金を稼ぐことは、いいことだ

あなたはお金が好きですか？
お金に対してどんな感情を持っていますか？

お金持ちになれる人と、お金持ちになれない人の違いは、お金に対してどんな「感情」を持っているかが重大な要素です。

ここでは、前項でご紹介したお金の三原則のひとつめ「**お金に対する罪悪感を持たないこと**（**お金のことを好きになる**）」についてお話ししていきます。

億を稼ぐ人が持っているお金への感情とは

お金持ちの人が持っている「感情」とはズバリ、

「**お金が大好きであり、お金儲けが大好きであり、セールスが大好きである**」

というものです。

私は事業を立ち上げていくなかで、たくさんのお金持ちに出会ってきました。その方々はもれなく「お金を稼ぐことはいいことだ」と思っています。

お金を稼ぐことで、自分を助けることができる。

家族や社員や、まわりの人も助けることができる。

お金を稼いで税金を払うことで、自治体を助け、国を助けることができる。

さらに、世界を助けることだってできる。

はっきりと「お金が大好き」と言う人もいますし、表立って「お金が大好き」とは言いませんが、お金が好きであることは言動を見るとよくわかるという人もいます。

お金持ちは、お金に対するマインドが一般の人と大きく異なるのです。

これは日本だけの話ではありません。世界中のお金持ちは、お金を稼ぐことは素晴らしいことだと考えています。お金が好きであることは、お金持ちが持っている共通認識です。本当のお金持ちは、お金を稼ぐことにためらいがありません。むしろ、それが当たり前であり、いいことだと実感しています。

だからこそ、お金が大好きなのです。

そして、それは同時に素直に自分と向き合っているということでもあります。

たとえば「いい車に乗りたい」「いい家に住みたい」と思えば、そのためにがんばって稼ぎ、そしていい車に乗り、いい家に住みます。本気で叶えたいことを叶えようとして、行動に移すのです。

さらに、それを積み重ねていきます。

その結果、自分が過ごしたい人生を過ごせるようになるのです。

「お金ってなんか苦手」を取り除くだけで好転しはじめる

一方で、お金のない人が持っている、お金に対する感情とはどんなものでしょう？

それは「お金は悪だ」「お金持ちは悪い奴だ」「お金なんて卑《いや》しい」という感情です。

これは、欲しいモノやしたいコトがあって「絶対欲しい！」「絶対やりたい！」と思っているのに、「どうせ無理だ」「そのための努力をするのは面倒だ」と、それを手にすることをあきらめているという矛盾なのです。

じつは、この感情を取り除くだけで、意外と簡単にお金が手もとに入ってくることになります。それほど難しいことではないのです。

お金に対する感情が、あなたの人生を決定づけます。お金に対する感情を変えるだけで、あなたの人生は大きく変わります。

稼ぐことに対して、とくに日本人はマイナスに考えることが多いのですが、お金を稼ぐことはしごく当然のことです。何かを提供すれば、それに対して対価をいただけるのは自然の摂理《せつり》なのです。

それを一番わかっているのが商売人であり、ビジネスオーナーです。彼らを見ていると、お金を稼ぐということになんのためらいもありません。それが当然という姿勢なのです。この姿勢は見習うべきであり、必ず持つべきマインドだと思います。それがあるかないかで、お金を稼げるかどうかが変わってくるのです。

私は、メンターからこう教わりました。

「お金は、自分のことを好きでいてくれる人のことを好きになるんだよ。中野くんも自分に好意を持ってくれる人がいたら悪い気はしないだろう？　お金も、自分を『好きだ』と言ってくれる人を好きになるんだ。逆に『あなたを好きなことがまわりの人に知られたら、神経を疑われそうで恥ずかしい』なんて言う人がいたら、中野くんは絶対、その人を好きにならないだろう？」

お金も人間と同じです。好意を持たれた相手には好意を持つし、避けてくる相手に対しては、お金も避けたくなるのです。

大事なことは決断です。お金がない状態からお金持ちになるためには、「お金を好きになる」ことを決断するのです。

この決断ができない人が、いまの状態からずっと抜けられないということです。

お金が嫌いだと言ってしまえば、それは、お金をあなたから遠ざけてしまうことにつながります。もし、あなたがお金に対して少しでも「苦手だ」という感情を持っていたら、それを変える決断をしてください。お金を好きになるという決断をしてください。

お金は大事なものであり、生きるための道具です。

お金さえあればいいというわけではないですが、なければ人生の選択肢が減ってしまうことは確かです。理想の人生は生きていけないのです。

お金が好きであれば、どんどん稼ぐ行動に出ていってください。

お金が好きでないのなら、ぜひお金を好きになるようにしてください。何度も言いますが、お金を好きになるかどうかは、あなたの決断ひとつです。

私も、24歳のときにメンターと出会い、「この人みたいなお金持ちになりたい！」と、お金を好きになる決断を下しました。お金に対する接し方、価値観を学んで心からよかったと思っています。

このような話をすると、「なんでもお金で解決しようとする人は、ろくなもんじゃない」と言う人がよくいます。ただ私は思うのです。**「自分のお金も出さずに解決しようとする人のほうが、ろくなもんじゃない」**のではないでしょうか。

もう一度聞きます。

あなたはお金が好きですか？

お金持ちに嫉妬しそうになったら

お金の三原則の2つめ「**お金の嫉妬を憧れに変える**」についてご紹介します。

「お金を持っている人が羨《うらや》ましい」

「なんであの人ばかり金持ちなの」

つい、こんなふうに嫉妬してしまうことも、ありますよね。

人間だからこそ、こうした気持ちをふと感じてしまっても仕方のないことです。

しかし、その感情を放置したままではよくありません。

嫉妬を感じたままにしていると、私たちの潜在意識が「貧乏」で定着してしまいます。

これは、人間性がよくないとかそういう話ではなく、「嫉妬することで、自分の可能性までも潜在意識が拒絶してしまう」ことが問題なのです。

これを覆《くつがえ》す簡単な方法があります。

それは、嫉妬を素直に憧れに変えることです。

「羨ましい！　許せない！」と思った瞬間に、「いいな、私もあんなふうになりたいな」と思い直すのです。

そしてさらに「もしそうなったらどんなに素敵だろう！」とイメージするのです。

こうすることで「そうなった未来」と、自分の潜在意識の回路がしっかりつながります。イメージしたことは潜在意識にインプットされ、そのときの喜びの感情や感覚、エネルギーまでも、しっかりと潜在意識に残ります。

すると、このエネルギーがベースとなり、現実化していくのです。

お金持ちの、近くにいよう

お金の豊かさ、心の豊かさは伝染します。

物心両面で豊かな素敵な人を見かけたら、その人の素敵な部分を真似して、自分自身を引き上げましょう。

物心両面で豊かな人は、若々しい人が多いです。

若さはどうしても年々失われてしまうものですが〝若々しさ〟は失われません。むしろ年齢的には若くても、若々しさがない人も多いものです。

若々しさはその人が発しているプラスのエネルギーのようなもので、実年齢よりもずっと若々しく見える人は、おおむねポジティブな感情の持ち主です。こういった人は年齢にかかわらず素敵に見え、きっといくつになっても魅力的でしょう。

素敵な人を見つけたときは、その素敵なエネルギーを分けてもらえるようにしましょう。

そのためには、まわりを物心両面で豊かな人で満たすようにしておくのです。

そういった人からは、自然にいいエネルギーを分けてもらえます。何もしなくても、まるでパワースポットのように、そばにいるだけで自分のレベルを引き上げてもらえるのです。

素敵な人は周囲を惹きつけるだけでなく、引っ張り上げてくれる力も持っています。ぜひ素敵な人と行動を共にして、自分のレベルを引き上げてもらいましょう。レベルの高い人は、行く先や話す内容もレベルが高いものです。一緒にいることで、自然に自分にもいいものが身につくようになります。

嫉妬や憧れを未来の希望に変えて、素敵な人から素敵なパワーをもらいましょう。**昨日よりも素敵な自分になるために、まわりにいる素敵な人にポジティブな感情を向けていく**のです。そのほうが、ずっと自分にとってよい未来が待っています。

どうやって手に入れるかより先に、どう使うかを意識しよう

お金の三原則の3つめ「**お金に嫌われない使い方をする**」についてです。

お金が嫌がる使われ方があります。

1つめは「ギャンブル」です。

お金は乱暴に扱われることを嫌います。

2つめは「贅沢・華美」です。

お金が入ったときに生活が派手になることを、お金は嫌います。

3つめは「貯め込まれること」です。

お金自身は、「役に立ちたい」「喜ばれたい」といつも思っているのです。

水とお金は流さないと腐ります。だから、お金の流れを留まらせてはいけません。

「じゃあ、お金が貯まってから使おう」と言う人がいますが、順番が逆です。「先に、喜ばれることに使う」ことです。出すことによって、初めてお金が入ってきて、流れがよくなるのです。

就職する、手に職をつける、独立起業する……など、社会は「お金の儲け方」を教えてくれますが「お金の使い方」を教えてくれる人はいません。

「出入口」という言葉は「出」が先です。たとえばタクシーも、エレベーターも、電車も、バスも、お客さまが「降りる」ほうが先、「乗る」のがあとです。

それなのに、社会では「どうやって手に入れるか」しか教えてくれないのです。

お金の法則では「出るほう」が先なので、「出」の勉強をしないかぎり、入るほうも滞るしくみになっています。

2500年前に、お釈迦《しゃか》さまが「托鉢《たくはつ》（修行僧が鉢を持って家々を回り、食べものやお金をもらう）」を思いつきました。そして、こう言ったそうです。

「明日から托鉢をやりたいと思う。托鉢では『貧しい人々』の家を回りなさい」

弟子たちは驚いて、「どうしてお金持ちではなく、貧しい人々なのか」と聞きました。

お釈迦さまは、

「貧しい人々は、自分が貧しいと思い続けて他人に施《ほどこ》しをしてこなかった人たちです。他人に施しをすることで救われるのだから、救いに行ってあげなさい。そのための托鉢です」

と、答えたといいます。

「自分に財力がないから、施しができない」と思っている人は、「施しをしてこなかった」がゆえに財が入ってこなかったのでしょう。**先に、施しありきです。それは、金額の問題ではありません。気持ちの問題です。**

お金は、仲間やお世話になった人に積極的に使う

「自分が置かれている状況よりも、もっと困っている人がいるかもしれない。だから、少しでも役立ててほしい」

こう思ってお金を使うと、それを見守っているお金の神様は、どうやら「倍返し以上」にして返してくれるようです。お金が貯まったから出すのでも、普通の人よりも持っているから出すのでもなく、**「自分の出せる金額を出す」ことからはじまる**のです。

私も、お金がないときに、まずは出すことから実践しました。

自分自身への投資のためにお金を出しましたし、メンターから教わった「華僑《かきょう》の教え」にしたがって、メンターや仲間のお店にお金を落としました。

華僑は自分の贅沢などにはお金を使わない。一方、自分の仲間に回すお金はケチらない。まさしく「お金に好かれる使い方」です。

コミュニティの仲間に使ったお金は、自分の財布から消えるのではなく〝相手の財布に移動する〟と考えているからです。財布から、貯金箱や銀行口座にお金を移すのと同じ感覚なのです。

つまり華僑は自分の財布以外にもたくさんの財布を持っていて、仲間のビジネスにお金を落とすことで、仲間の財布にどんどんお金を貯めていくわけです。

「金は天下の回りもの」という言葉がありますが、華僑にとっての天下とは、大事な仲間を指すのです。ボスを中心として固く結びついた、顔の見える仲間のネットワークが華僑の「天下」なのです。

ですから「金は天下の回りもの」ということわざも、単なる精神論ではなく、リアルな教訓となっています。

仲間にお金を回し、仲間が育てたお金がまた自分に回ってくる。なので、華僑は必ず知り合いのビジネスにお金を落とすと決めているそうです。私も、メンターや仲間のビジネスにお金を落とすと決めています。

信頼残高を貯めよう

「仕事は一生懸命やっているし、人からの頼まれごともたくさん引き受けている。会社の新しいプロジェクトにも参画して、時間外労働をたくさんしている。土日には起業に向けて勉強している。しかし、給料はなかなか上がらない」

こんな相談を受けたことがあります。私は、次のように答えました。

「人間が汗を流したときに、報酬は2つの形でやってきます。ひとつは、お金や金銭的な

報酬で、もうひとつは『人からの信頼残高』という形です」

「信頼残高」とは、信頼関係の程度を銀行口座の残高にたとえたもので、世界的ベストセラー『7つの習慣』でスティーブン・R・コヴィー博士も取り上げています。

お金の場合、現金で100万円入ってきても、100万円使えばゼロになります。

一方「信頼残高」は、ずっと年利1000%の複利計算で、翌年から10倍、また10倍に増えていくようなものです。

仕事を一生懸命やって、人からの頼まれごともたくさん引き受けて、会社の新しいプロジェクトにも参画して、時間外労働をたくさんして、土日には起業に向けて勉強している

……なのに金銭的な報酬がない状態の人は、たくさんの「信頼残高」を貯め込んでいることになります。

ところが、「信頼残高」が何億ポイント貯まっても、一瞬にしてゼロになってしまうことがあります。

それは、「（1）不平不満・（2）愚痴・（3）泣き言・（4）悪口・（5）文句」を言うことです。この「五戒《ごかい》」を口にしたとたん、いままで貯めたポイントはゼロになります。

金銭的な報酬がなく、汗をたくさん流している人ほど、じつは実力、人脈（チーム）、そして信頼残高が貯まっています。

「いざお金に困ったとき、『信頼残高』では役に立たないのではないか」と言う人がいますが、そんなことはありません。

なぜなら「信頼残高」は、人脈（チーム）ともイコールだからです。

仮に私が「今晩中に1000万円集めなくてはいけない」というときに、「100万円ずつ貸してくれる人が10人」いたら集められます。

お金だけではありません。「どうしても人手が3人か4人ほしい」というときも、「人脈（チーム）」を持っていれば、協力してくれる人がすぐに集まるでしょう。

信頼残高には、それだけの可能性があるのです。

頼まれたら、相手を感動させよう

信頼残高のほかに「にこやか貯金」も利子が大きいです。

たとえば、友人から「頼まれごと」をされたとします。そのときはイライラせず、嫌みも皮肉も言わず、笑顔でやってあげるのです。いつも笑顔でやり続けていくと、それは「にこやか貯金」になります。

人間は基本的に良心の塊《かたまり》です。あなたが嫌な顔をせずニコニコ引き受けていれば、頼んだ人の心のなかに「借り」ができます。

その「借り」は目に見えないものですし、数字でもあらわせません。しかし、快く引き受けていると、たとえばどれほど威張《いば》っている上司でも、心のなかに「借り」が生まれます。そして、その借りを「大きな利子をつけて返そう」とします。

人から何か頼まれたときは「にこやか貯金を積み立てるチャンスがきた。ありがとうございます」と思ってください。そのときから「にこやか貯金」がはじまります。いずれ大きな利息がついて返ってくるでしょう。

「頼まれごとは試されごと」と言います。朝起きてから寝るまでの間、人は毎日平均204回、人に頼まれごとをされるそうです。

あなたもそうだと思いますが、日々仕事をしていると上司や同僚・後輩や社外の方も含めていろいろな人からお願いごと、頼まれごとを受けることも多いでしょう。

その頼まれごとのなかには、「なぜ自分がやらなければならないのか……また面倒な仕事が増えたな」と感じてしまうこともあるはず。

しかし、そのときに大切なことは「お、試されてるな！　どうやっていい意味で期待を裏切ろうかな」と考えることです。

そもそも、頼む側の立場の人からすると、自分が頼みたい仕事があったときに、できないと思う人にお願いはしません。この人なら大丈夫と思っているから、つまり「あなたな

らこれはできますよね」と思ってお願いをするのです。

そんなふうに試されている状況のときに、何も考えずに、ただお願いされたことをこなしても何も生まれません。

逆にいうと、期待以上のことをすれば相手を感動させられるチャンスです。

頼まれたときのポイントは、

- **返事は０・２秒**
- **いますぐ動く**
- **損得を考えない**
- **内容を聞く前にもう引き受ける**

です。

たとえば、真夏の炎天下《えんてんか》に「ちょっとお茶買ってきて！」と頼まれたとしましょう。

普通の対応は、

「……はい（なんでこのくそ暑いのに俺が行かなあかんねん）」

「買ってきましたぁ」

「あ、そこ置いといて」

といった感じです。


頼んだ相手を感動させる対応は、ひとあじ違います。

「ちょっと、お茶買ってきて！」

「（0・2秒後）はぁい!!（ダッシュ！）」

「社長！　買ってきましたよ。お茶ぁ！」

「お前、このくそ暑いなか走って行ったんか！　アホかぁ、お前！」

こう言いながら相手が感動するのです。


するとどうでしょう。「**こんなしょうもない、誰も見ていないような仕事を一生懸命してくる人が、仕事で手を抜くわけがない**」**とみんなが思う**のです。その結果、仕事が回ってきます。

仕事場だけでなく、どんなときでもこのような対応をしていると、周囲のみんなが感動してくれます。感動したらそれが評判になって、まわりにどんどん波及《はきゅう》します。

本当の仕事とは「喜ばせること」です。

これだけで、さらに「信頼残高」が貯まっていくのです。

私はこの「頼まれごとは試されごと」という考え方を定着させると、考える力や相手を思いやる力の向上にもつながると感じています。

また「よし、試されてるな！」と思うことは、頼まれごとに抵抗がなくなり、ゲーム感覚で楽しささえ覚えるので、何より精神衛生上いいことです。

同じ出来事に対しても考え方はいろいろあります。どうせやるなら、自分にとっていい考え方で楽しく過ごしていきたいですね。

「売り込む」ことから逃げるな

「人にモノやサービスを売り込む」「セールスする」「人にものをすすめてお金をもらう」ということに対して、どうしても嫌悪感を抱いてしまう人がいます。

たしかに、ビジネスの世界には相手が要らないと思っているものを無理やり売り込むような三流セールスマンも存在しています。彼らのようなダメなセールスをする人がいるせいで、セールスに対するイメージがどうしても悪くなってしまうのです。

しかし、一般論で考えると「セールス」を拒否するのは、社会で私たち人間が生きていくうえでまずい思考です。

なぜなら、私たち人間は生きていくうえで、つねに何かをセールスしなければならないからです。

人生は「セールス」でできている

たとえば、就職活動や面接では「自分の能力や適性・人柄などを、会社やバイト先に売り込む」行為が必要です。

そこで「自分は売り込みなんかしたくない！　ありのままの自分を見てもらえば認められるはず！」などと言っていたら、残念ながら永久に面接に受からないでしょう。

これで通してくれるのは、人手不足で来るもの拒まずのブラック企業くらいです。もちろん、そういう会社はあなた個人に対して魅力を感じているわけではなく、使い捨ての駒くらいにしか考えていないかもしれません。

また、ビジネスの世界に行っても「売り込み」と無縁の仕事など存在しません。

自分のお店をつくるにしても、お店の魅力をHPやチラシで「PR、または売り込み」しないといけませんし、営業はつねに「売り込む」ことをしています。

「自分は事務職だから、技術職だから関係ない」という人だって例外ではありません。事務職が安心して給料をもらい、仕事ができているのは、自分の会社の「販売担当」「営業担当」ががんばって売り上げや利用者を獲得し続けてくれているからです。お客さまが払ったお金を会社が受け取って、あなたが給料としていただいているのです。

あなたがビジネスオーナーの世界に行けば、あなたが会社の立場になり、あなたがお金をお客さまから直接いただくわけです。そこに抵抗を感じていたらおかしいのです。あなたが経営者で、バイトで雇っている販売員の人が「お客さまからお金をもらうのはちょっと……」などと言ってたら、「ちゃんと仕事して」と言いますよね。

もっといえば、仕事だけでなく「プライベート」でも、人は多かれ少なかれ「売り込み」をしなければなりません。

恋愛なんかはその典型です。たとえば、あなたの前で「自分のいい部分」をまったく見せず、ずっと沈黙している異性に対し、わざわざあなたからその人の「いい部分」を探してあげて、好きになって、つき合おうという気持ちになれますか？　むしろ、

「自分は何もせずとも、いい部分をわかってもらえて当たり前」

「自分は売り込みなどという卑しいことはしたくないから、プロポーズも自分から絶対したくない」

という態度で接してくる異性は面倒なだけですよね。

さらに、友人関係や家族関係でも「あなたがいいと思ったものを売り込む、紹介する」ということをしないと、日常の人間関係が成り立ちません。

いいものをいいと紹介することもしなければ、一緒に買い物をしたり、おすすめのアイテムを紹介しあったり、いい場所を教えあって遊びに行くことすらできません。

お互いだんまり状態、もしくはただ欠点や悪い部分だけを見つけ合って、指摘しあっている関係なんて、楽しくもなんともありません。

このように、「売り込み」という行為はビジネスのみならず、人間が生きていくうえでごく自然にみんながやっている行為です。それを「悪いもの」と決めつけて、アレルギーを起こしてしまうのはやめたほうがいいのです。

セールスをすべて避けた人間がたどる結果は、
- **社会に自分の長所をアピールできず**
- **自分のいいと思ったものも共感してもらえず**
- **仕事も恋愛も人間関係も築けない**

という、悲惨でつまらない人生です。

もちろん、三流ビジネスマンがやっている「詐欺まがいなセールス」ではなく「正しく健全なセールス」を学ぶことで、逆に人生をより豊かに、楽しく過ごしていくことも可能になります。

年収1000万円あれば、幸せになれる？

「中野くん、いくら年収を取りたい？」

駆け出しのころ、メンターに聞かれました。

「年収1000万円です」

と私は答えました。すると、

「中野くんはわがままだね」

と言われました。意味がわかりませんでした。


「年収1000万円だと、中野くんは少し豊かな暮らしができるかもしれないけど、両親や兄弟、子どもまで幸せにしたいと思ったら、その金額では足りないだろう？

さらに、もっと大きく世の中に貢献したいと思ったら、まったく足りない。

中野くんは、自分のことだけしか考えてないんだね。

ほかの人の幸せまで本気で考えたら、少ない収入で満足できるはずがないんだ。

自分のことだけしか考えてない人のことを、わがままというんだよ」


ショックでした。私のお金を稼ぐという目的は、自分のためだけだったのです。

ここで、あらためて考えてみてください。


あなたのお金を稼ぐ目的はなんですか？

本来、人が働いてお金を稼ぐ目的は「食べていくため」でした。つまり餓死《がし》しないためです。そういう時代は胃袋がやる気にさせてくれました。

そこを原点として、欲求は5段階に変化していきます。

有名な「マズローの欲求5段階説」です。

1　生理的欲求（食欲、睡眠欲など。生きるうえで必要な欲求）

2　安全欲求（危機回避や健康維持など。不安から自分の身を守りたい欲求）

3　社会的欲求（友人や家庭、会社から受け入れられたい欲求を指す。人からよく思われたい、嫌われたくないなど、集団への帰属や愛情を求める欲求であり、「愛情と所属の欲求」あるいは「帰属の欲求」と表現されることもある）

4　承認欲求（社会的ステータスを築きたい、人から認められたいという欲求）

5　自己実現欲求（自分の世界観・人生観に基づいて、「あるべき自分」になりたいと願う欲求）

欲求は満たされると、必ず飽きがきます。

あなたは、あなた自身に飽きていませんか？　もし飽きているなら、仕事をする目的、お金を稼ぐ意味を変える時期がきているのです。

お金を稼ぐ意味を考えよう

どんどん変化する人は、むしろ「変わらないですね」と言われます。
逆に、変化しようとしない人は、どんどん変わり果てていくものです。
いまのあなたの「仕事をする理由」は、5段階欲求のどの段階ですか？
欲しいものは欲しいが、それほど欲しくない。
なりたいのはなりたいが、そこまでしてなりたくない。
そういう気持ちなのだとしたら、欲求の質を変える最高のチャンスです。
目的を変えたとたん、急にやる気があふれてきます。
もしも自分の欲求だけでは、心が動かなくなったら「公」を加えればいいのです。

「欲」＋「公」＝「志」

です。

「旅行がしたい」を「仲間と一緒に旅行に行きたい」へ。
「家が欲しい」を「住んでいる街をよくしたい」へ。
「美味しいものを食べたい」を「美味しいものを広めたい」へ。

「志」が生み出すやる気には、限界がありません。
あなたは何のために仕事をし、お金を稼ぎますか？
一度きりの人生です。ともに「志事《しごと》」をしませんか？

第5の習慣

The Fifth ha

幸福を習慣にする

幸福になることを選ぼう

心理学の父と言われるウィリアム・ジェームズは、

「**19世紀最大の発見は物理学の領域にはない。最大の発見は、人がそれを信じたときに発揮される潜在意識の力である**」

と言いました。この世のあらゆる問題を解決へと導くこの無限の力の源泉は、すべての人のなかにあるのだ、と。

「何があっても乗り越えることができる」とはっきり確信できたそのとき――つまり潜在意識には問題を解決し、身体を癒し、あなたが夢にも思わない大きな成功をもたらす力があると理解したとき、あなたの人生に大きな変化が起きるのです。

幸福とはひとつの心の状態です。そしてあなたには、幸福を選ぶ自由があります。


大学生時代に、アメリカのミシガン州にホームステイに行ったことがあります。

そのホームステイ先のご主人は、いつも陽気に歌ったり、口笛を吹いたりしていて、話し方もユーモアたっぷりでした。

なぜそんなに楽しそうなのかと、その秘訣を聞いてみると、彼はこう答えました。

「楽しくやるのは私の習慣なんだよ。毎朝起きたときと夜寝る前に、家族と作物と家畜と神様を祝福することにしている。それからたっぷりの収穫をありがとう、と神様に感謝するんだよ」

彼はこの習慣を40年以上守っていました。

そして、とても家族仲がよく、仕事も順調で、幸福でした。

意図を持って繰り返し言い聞かされた思考は、潜在意識に浸透し、習慣となります。

彼は「幸福は習慣だ」と知っていたのです。

一方で、多くの人々が次のように考えることによって、みずから不幸になることを選択しています。


「今日は厄日《やくび》だ。何をやってもうまくいかない」

「私にはうまくやれっこない」

「全員から反発をくらっている」

「経営がおもわしくない、ますますひどくなる一方だ」

「私はいつも遅れをとってしまう」

「運がむいてくることなんてありえない」

「彼ならやれるが、私には無理だ」


もしもあなたが朝起きるなりこんなふうに考えているなら、考えていることすべてを引き寄せることになり、不幸な人生を生きることになってしまいます。これまで何度も説明してきたように、あなたの潜在意識がそれを叶えようとするからです。

心の声を、いいほうに操る

人は、1分間に150から300語ほど、心のなかで自分に語りかけているといわれます。1日の思考の数にすると4・5万～5万ほどになります。

つまり、私たちは日がな1日、心の声によって状態が左右されているわけです。いいほうにも、悪いほうにも。

人と話している間も、私たちの頭のなかでは心の声が絶え間なく流れて、相手が何を言っているのかを分析し、相手の話を聞きながら、自分はどう答えようかと考えています。

しかし、もっとも影響力の強い会話は、ひとりでいるときに自分自身と交《か》わす会話です。

これは評価と判断の会話であり、何かがうまくできたら自分を褒め、うまくできなかった場合はさんざんにけなします。心の声は、私たちのセルフイメージをつくり上げ、今後もつくり続けるものなのです。

医者に行き「頭のなかで、誰かの声がするんです」と訴えると、かなりの確率で精神科を紹介されるでしょう。しかし、じつはそれと非常によく似た形で、誰もが頭のなかで四六時中ささやく声を、あるいは複数の声を聞いているのです。

これは意図しない思考であり、絶え間なく続く独り言であり、会話です。あなたはその思考、独り言、会話を管理下に置く必要があるのです。

この声は批評し、推測し、判断し、比べ、文句を言い、好きか嫌いかを決めたりもします。

そして、この声は、必ずしもそのときのあなたの状況に合ったものではありません。ついこの間のことや遠い昔のことを思い出している場合もあれば、将来起こりそうな状況を想像していることもあります。

なかには、何かがうまくいかずに嫌な結果になる、という想像に基づくものもあり、それを「心配」と呼んだりもします。

あなたが生きているこの世界は、ほとんどすべて、あなたの心のなかで起きていることによって決まる、とまず理解しましょう。

古代ローマの偉大な哲学者で聖人でもあったマルクス・アウレリウスは、「人の人生は、その人の思考で成り立っている」と言いました。

また、アメリカの著名な哲学者エマーソンは「人は、その人が日がな1日、考えていることそのものである」と言いました。

否定的な思考や、気が滅入るような考えにはふけらないと決めましょう。あなたの思考、心のなかの声を管理下に置いて、幸福になることをみずから選ぶのです。

上機嫌でいる修行をする

「中野くん、成功したければ、自分の機嫌くらい自分で取れるようになるんだ。どんなことがあってもつねに上機嫌でいるんだ。嫌なことがあっても機嫌よくする、上機嫌の修行をするんだ」

ある日、メンターに教わりました。

人間なので、嫌な気持ちになることだってあります。ただ、それを顔に出すかどうか、口に出すかどうか、態度に出すかどうか、そこが重要なポイントです。

そもそも、人の心はコロコロ変わるもので、いい気分と悪い気分は交互に出ます。しかし「言葉」や「表情」は自分の管理下に置くことができます。

心が仮に落ち込んでいたとしても、自分自身の意思があれば、笑顔で明るい言葉を使うことができます。

では、具体的にどう上機嫌の修行をしたらいいのでしょうか。

「愛してます・ツイてる・うれしい・楽しい・幸せ・感謝してます・ありがとう・許します」

これらの言葉を使い、笑顔でいることです。これを「天国言葉」といいます。

じつは、これだけのことで上機嫌でいられるようになります。

「また、そんなわけのわからないこと言って」と思われるかもしれませんが、ためしにこの8つの天国言葉を、毎日の口癖にしてみてください。

「愛してます・ツイてる・うれしい・楽しい・幸せ・感謝してます・ありがとう・許します」

心で思っていなくてもいいから、言葉を先に口にするようにしましょう。

嫌なヤツが現れたら「達人」と呼ぼう

あまりにも「嫌なヤツ」が現れて、とてつもなく腹が立ったとしましょう。

そういう嫌なヤツのことは、これからは「達人」と呼んでください。

たとえば「うちの会社の上司に嫌なヤツがいて……」と友人に愚痴っているときは、言いながら嫌な顔になってしまっていると思いますが、

「いや〜うちの会社に達人がいてさ。一分の隙もないんだよ」

と言っていると、だんだん面白くなってくるものです。


「おい、お前のとこの会社の達人、最近なにしてる？（笑）」

「いや最近、こうなんですよ（笑）」

と、笑い話で楽しめます。見方を変えて言葉を変えると笑えるのです。

機嫌の悪い人がいると、まわりが気を使います。

自分の機嫌は自分で取りましょう。人に取らせているようではまだまだ三流です。

機嫌には、上機嫌と中機嫌と不機嫌があります。

不機嫌な人には、不機嫌な出来事が起きます。

中機嫌の人には、普通のことばかりが起きます。

上機嫌な人には、上機嫌な出来事が連発するのです。

あなたも、上機嫌の修行をしてください。「嫌なヤツ」＝「達人」が現れたら、楽しく修行をつけてもらってください。

「したことは返る」の法則

量子力学の世界には「**言葉はエネルギーであり、自分と他人を区別することなく、もっともそのエネルギーに近い人に影響を与える**」という理論があります。

これを考えると、自分が発した言葉のエネルギーにもっとも近い人が誰だかわかりますね。そう、それは、

あなた自身

です。あなたが発する言葉が、プラスの言葉でもマイナスの言葉でも、あなた自身にもっとも影響を与えている。となると、人を褒めることは大事だとわかります。

そして、あなたの悪口を言われたとしても、あなたはその人の悪口を極力言わないことです。

「言われっぱなしで損じゃないか」と思わなくても大丈夫です。

悪口を言う人は、自分が言っている言葉の毒で破滅するからです。

真に受けて相手にして、こちらも悪口を言うと、向こうの毒とこっちの毒と両方が毒を出しあってしまいます。相手にしなければ悪口を言っている人は自分の毒が自分に降りかかるだけなのです。

なぜ、お釈迦さまは悪口を黙って聞くだけだったのか

興味深いお釈迦さまの寓話《ぐうわ》があります。

現代風にわかりやすくするため関西弁で表現しますが、ぜひ読んでみてください。

あるところに、
お釈迦さまが多くの人たちから尊敬される姿を見て、ひがんでいる男がいました。
「なんで、あんな男がみんなの尊敬を集めるんや。いまいましい」
男はそう言いながら、お釈迦さまをギャフンと言わせるための作戦を練っていました。
ある日、その男は、お釈迦さまが毎日、
同じ道のりを散歩に出かけていることを知りました。
そこで、男は散歩のルートで待ち伏せして、
群集のなかで口汚くお釈迦さまをののしってやることにしました。
「釈迦の野郎、きっと、おれに悪口を言われたら汚い言葉で言い返してくるでぇ。
その様子を人々が見たら、あいつの人気なんてアッという間に崩れるに違いないで」

そして、その日が来ました。
男は、お釈迦さまの前に立ちはだかって、ひどい言葉を投げかけます。
お釈迦さまは、ただ黙って、その男の言葉を聞いておられました。
弟子たちはくやしい気持ちで、

「あんなひどいことを、言わせておいてええんですか？」

とお釈迦さまにたずねました。
それでも、お釈迦さまはひと言も言い返すことなく、
黙ってその男の悪態を聞いていました。
男は、一方的にお釈迦さまの悪口を言い続けて疲れたのか、
しばらくして、その場にへたりこんでしまいました。
どんな悪口を言っても、お釈迦さまはひと言も言い返さないので、

なんだか虚《むな》しくなってしまったのです。

その様子を見て、お釈迦さまは静かにその男にたずねました。

「もし他人に贈り物をしようとして、その相手が受け取らんかったとき、その贈り物は一体、誰のものやと思う？」

こう聞かれた男は、突っぱねるように言いました。

「そりゃ、言うまでもないがな。相手が受け取らんかったら、贈ろうとした者のものやがな。わかりきったことを聞きなや」

男はそう答えてからすぐに「あっ」と気づきました。

お釈迦さまは静かにこう続けられました。

「そやで。いま、あんさんは私のことをひどくののしった。
でも、私はそののしりを少しも受け取らんかったんやで。
だから、あんさんが言ったことはすべて、あんさんが受け取ることになるんやで」

人の口は、恐ろしく無責任なものです。ウワサや陰口というものは、事実と違って、ずいぶんとでたらめなことがよくあります。

現代ではネット上での誹謗中傷が問題になっています。しかも、だいたいがマッチポンプ、つまり自作自演です。

ウワサや陰口だけではありません。図太い神経の持ち主で、目の前にいる相手に向かって、直接ひどいことを言う人もいます。

そんな陰口、悪口、誹謗中傷は無視してください。もしくは毒を食らわないように、すぐに離れてください。その人は自分の吐いた毒を自分でくらうことになるだけですから。

人を褒めると、幸せになれる

「中野くん、幸せになりたいなら人を褒めるんだ。

褒めるだけじゃない、褒めまくるんだ。

褒めればすべてうまくいく。人のいいところを探すゲームだと思ってやるといいよ。

どうしても褒めるところが思いつかなかったら、『耳たぶが可愛いですね』でも『髪型が素敵ですね』でもいいから、とにかく褒めるんだ」


こう教わりました。

人間というのは、褒められたくて生きています。自己重要感を渇望しているからです。自己重要感を求めて生きているのです。

欠点を言われると自信をなくすだけです。欠点を言われながら成長することはできません。人間は褒められると、能力以上の力を発揮します。

褒めることが習慣になったとき、人生は少しずつですが変わっていきます。

褒められ上手の初級・中級・上級

褒め上手だけでなく、褒められ上手になることも大切です。

「○○さん素敵ですね」と言われたら、謙遜して「そんなことないです」と言う人が多いですが、それはやめましょう。

褒められたら「ありがとうございます！」と言うのが初級です。

中級はニコッと笑って「正直な方ですね」と答えます。優しく笑って、語りかけるように答えるのがコツです。


上級は、ひと味違います。

たとえば「中野さんかっこいいですね」と言われたら、

「**いやいや、俺よりかっこいい人はたくさんいるよ。たとえば、えーと、うーんと……思いつかないなあ、残念だなあ**」

と、ユーモアをもって答えます。

ただし、上級は火傷する場合もあるので、注意が必要です。


褒め上手、褒められ上手になりましょう。

「潜在意識」は他人とあなたを区別しないので、人を褒めて、人のやる気を引き出せる人は、同時に自分を褒めて自分のやる気を引き出すことになるのですから。

心がラクになる魔法の言葉を使おう

生きていると、凹《へこ》むような出来事が連続してしまうことがあります。あなたの潜在意識が、凹むようなことを続けて発見しようとしている状態です。

遅刻しそう。鍵が見つからない。人とぶつかる。自転車でこける。車をこする……。

「なんで私、こんなにイライラしているの？」と、イライラをなくそうとして余計にイライラしている人もいたりします。

そういうときは、起きているマイナスな出来事に心を引っ張られないこと、こだわらないことです。

この言葉で、うまくいく

チャンネルを変えるように、心のモードを変えればイライラから抜け出せます。

その方法は、次の魔法の言葉を唱えることです。


「っていうのは嘘！」

「なーんちゃって」


あまりにも簡単な言葉なので信じられないかもしれませんが、これがよく効きます。

私自身、この魔法の言葉でモードを切り替えてきました。何度も嫌なイメージが浮上してくるのなら、何度も同じ言葉を唱えましょう。

脳は言葉で思考するので、言葉を使うだけで方向転換ができるのです。

他にも、不安な気持ちがずっと心にあるときは、

「大丈夫！　大丈夫！」

と、ずっと心のなかで唱えていました。
悲しいことが起こったときは、

「これも修行！　これによって強くなる！」

困難にぶつかったときは、

「これを乗り越えたら、また自分のレベルが上がる！」

など、つねに言葉を使って心を切り替えたり、自分自身を励ましてきました。言葉が心を軽くしてくれます。あなたも自分自身をポジティブな言葉で励ましてくださいね。

身体への投資をバカにしない

身体の調子が悪い日の行動を、思い出してみてください。

仕事をしていても集中力が続かなかったり、イライラして人にあたったり、笑顔を見せず眉間《みけん》にしわを寄せたり、夜の予定をキャンセルして早く帰ろうと思ったり……。

行動がネガティブになった経験が幾度《いくど》もあったはずです。

これは、普通の人間であれば当然です。

些細《ささい》な身体の不調からも、私たちの行動は影響を受けているということです。

当然、脳の活性化も望めません。このような状況を放置していては、生産性の向上とはほど遠い状態になってしまいます。

身体の健康は心（脳）の健康につながっています。

いまでは大企業を中心に、経営者、社員の健康維持・増進に企業が積極的に関与し、戦略的に実践する「健康経営」といった取り組みも進められています。

かの松下幸之助さんは「いかにすぐれた才能があっても、健康を損なってしまっては十分な仕事もできず、その才能もいかされないまま終わってしまいます」という言葉を残しています。

アメリカは国民皆保険制度ではないため、健康を自衛する考え方が日本より10年も20年も先に進んでいます。**実際、アメリカでは「健康経営」に取り組んだ優良企業が、その13年後に大企業の平均を上回るパフォーマンスを出した、という結果も出ています。**

健康経営の根底には「経営者、社員の健康は経営資産である」という考えがあります。

つまり、経営者、社員が健康であることで生産性が上がり、収益が上がります。

経営者も社員も企業も共に「健康」に「幸せ」になる、価値ある方法なのです。
働く人の年齢が上がっても、健康であれば能力を発揮し続けることができるのです。

そしていま、健康経営の施策を積極的に取り入れている企業に入社したいという人が増えてきています。

いまや設備投資、研究開発などと同じくらいの投資価値があるのが「経営者、社員の健康への投資」なのです。

この投資をしない理由はありません。なぜなら、進めれば進めるほどリターンがあり、経営者も社員も企業も幸せに向かう方法だからです。企業にとって、もっとも価値ある投資なのです。

企業が経営者と社員の健康維持・増進に対して積極的に投資をすることで、6つのメリットが期待できます。

① 疾病者や休職者の減少

②　社員の活力やモチベーションの向上
③　離職率低下
④　生産性の向上
⑤　企業イメージの向上
⑥　人材採用力の高まり

頭と身体に投資したものは、ハイリターンになる

「中野くん、人生をずっと豊かに過ごしたいなら、頭と身体に自己投資するんだ。まずは自分の頭の中身に自己投資。ビジネス書を読みまくって、勉強会に行きまくるんだ。自分の頭の中身に投資したものは誰からも奪われないから。自分にお金を使っているからノーリスクだよ。そして、将来絶対にハイリターンになるから」

と教えていただきました。

そこからビジネス書を読み漁り、メンターの勉強会にも数えきれないほど行きました。その結果、いまハイリターンになってきたと実感しています。

「もうひとつ、自分自身の健康に自己投資をするんだ。どれだけお金と時間ができても、身体を壊していたら意味がないだろう？　だから若いうちからサプリメントなどで栄養素をしっかり摂っておくんだよ」

とも教えていただき、24歳からいままで毎朝、プロテインと青汁とサプリメントを摂ることを習慣にしています。おかげで45歳になったいまでもハードワークしていますが、元気です。

私のメンターもそうですし、成功者は健康への投資もおこたりません。

駆け出しだったころの私は、手取り23万円の月給のうち、8割を自己投資のために使うようにしていました。

女優さんは売れる前から美容と健康にお金を使います。商品である自分自身に投資するのです。オーディション募集の条件に、「いかなる理由があったとしてもキャンセルしないこと」とあるくらいです。キャンセルしたら、もう仕事がこなくなるのです。だからこそ、つねに万全な状態をつくっておくのです。ビッグになって稼ぎが大きくなれば、美容と健康への投資額も増やします。

ビジネスオーナーも身体が資本で、健康管理が第一優先です。

会社員の方のほとんどは、休んでも誰かがなんとかしてくれると思っていますし、実際に仕事が回るからその会社はつぶれていません。

仕事が本当にできる営業マンは、自分がいないと仕事が回らないと思っています。自分が絶対に行くし、万全な状態で行けるように健康にお金をかけるのです。

仕事ができる人ほど健康にお金をかける。仕事ができない人はおろそかにする。これが現実です。

あなたも、あなたの人生の経営者です。身体が資本です。あなたの代わりはいないのですから、しっかりと身体に投資してあげてください。

ただし、健康投資においては短期間でのリターンを求めてはいけません。なぜなら、身体のすべての細胞は、約1年かけて生まれ変わるというサイクルを持っているからです。

このシステムを理解しながら、あなたの生活習慣を変えていくとうまくいきます。

スポーツや語学などと同じで、身につけることは繰り返しと継続で成り立ちます。ほとんどのことに対して、1年あれば基礎を身につけることは可能です。

健康投資のリターンは、ゆっくりですが大きく返ってきます。ジワジワとしか進まないこともあります。

身体が健康であれば、心の問題もほぼ解決します。身体が器ですから、穴が空いていたりしたら心は支えられないからです。

あなたもぜひ、頭の中身への自己投資と身体への自己投資を実践してみてください。

記憶を都合よく編集してしまう

あなたのなかには、3人の自分がいます。

「過去の自分」「現在の自分」「未来の自分」です。

「過去の自分」は記憶で、「未来の自分」は希望です。

子どものころは、何かを判断するときにはいつも、「過去の自分」ではなく、「未来の自分」に相談していました。

ところが、大人になるとたいてい「過去の自分」に相談してしまいます。そして「過去の自分」と会話をはじめた瞬間、先のことが想像できて、自分で自分の可能性にフタをし

てしまう。「自分はこれくらいだ」と思ってしまうのです。

「過去の自分」は単なる記憶の集合体です。

しかし、その記憶は本当に正しいのでしょうか？

同窓会で、

「あのときAさんにフラれたんだよ」

「え？　Aはお前のことが好きだったんだぜ」

「いやいや、違うよ。ばっちり覚えてるもん」

「そんなことないよ。みんな知ってるよ」

「え、ほんと？　じつはいまも心の傷として残ってるんだけど……」

なんて、よくある話です。

記憶ほどあてにならないものはないのです。どんどん劣化するし、そもそも誤って認識している可能性も高いのです。

しかし、メモリーされた瞬間、それは「事実」として処理されてしまっています。

また、その人がどう編集したかによっても変わってきます。

結婚式のビデオを、ある業者さんが編集したものと、同じビデオを友人が編集したものがあるとしましょう。

業者さんは感動的なドラマに仕立て上げてくれました。

友人は食べているシーンばかり残していました。

なんてことがよくあると思います。同じものを撮っても、編集後はまったく違うものになったりします。

どういう編集をするかは、その人のクセがはっきりと出ます。

言い換えれば、意識して編集すると、いいドラマも悪いドラマも、笑えるドラマも悲しいドラマも、なんだってつくり出せるということです。

記憶の間違いなんて数えきれません。もしつまらない記憶があるなら、もう一度編集しなおせばいいのです。

「小・中・高・大……どの思い出も捨てがたい」

「勉強もスポーツも遊びも恋も、充実させるためにがんばってたな」

「最高だった」

など、自分で自由に編集し、意味づけを変えればいいのです。

過去の事実は変えられませんが、どこの部分を記憶に留めるかは選択できます。嫌な記憶をわざわざ留めておく必要はないのです。

その部分だけを、自分のドラマのワンシーンから抜くことも可能なのです。


前述しましたが、私の両親は夜逃げをしています（いまは元気で、幸せに暮らしています）。そのときはショックだったし、記憶としては嫌な記憶です。じつは親の夜逃げのことは、月収100万円になるまで、いまの妻とメンター以外、誰にも言いませんでした。言いたくなかったし、思い出すと嫌な気持ちになるので記憶から消していたのです。両親のことを聞かれても、「元気にやってますよ」くらいにしか答えませんでした。

大学の卒業式のときに学費の支払いが終わっていなくて、私だけがその場では卒業証書をもらえず恥ずかしい思いをしたということも、記憶から消していました。

月収100万円を超えてから、「親の夜逃げや、いろいろな恥ずかしい思いをしたから、がんばる理由ができて、いまの自分があります」と言うようにしました。過去の出来事の意味づけを変えたのです。

「過去の自分」のストーリーをどのように編集し、自分にとって都合のいいドラマにするかは自由です。もちろん詐称《さしょう》はダメですが、少しくらい盛ってもいいと思います。

思い出は、よかったことに書き換えましょう。意味づけを変えましょう。そうすれば、「過去の自分」に相談しても、素敵な助言をくれるでしょう。

都合のいい未来を妄想して、言葉にする

そして「未来の自分」との会話も重要です。

「未来の自分」との会話に有効なのは妄想です。

自分に都合のいい未来を妄想するのです。

祝福を事前に予定して、前祝いしてしまうことを「予祝《よしゅく》」と言います。

私の勉強会でもよくやっているのは、成功したときの祝賀会でのスピーチを妄想して、スピーチすること。予祝スピーチです。

・成功したいまの気分
・なぜ成功したかの理由
・具体的にどんな行動をしてきたのか
・どんな困難があって、どう乗り越えたのか
・どうしてあきらめなかったのか
・感謝を伝えたい人への感謝の言葉

これらを、すでに起こったこととしてスピーチするのです。

それを文章にすると「予祝日記」になります。毎日読み返すとさらに効果的です。ぜひやってみてください。

予祝日記を書いてみよう！

鏡に向かって「私ってイケてる」と言う

私のメンターは、勉強会やセミナーがはじまる前に必ずトイレに行き、鏡に向かって「俺は大丈夫、必ずうまくいく！」と、自分に言い聞かせていたそうです。

私もそれを真似して、勉強会やセミナーの講師をするときには必ず鏡に向かって、

「俺は大丈夫。必ずうまくいく！　俺は天才！　俺はいけてる！」

とつぶやいて、自分を洗脳しています。

そして、目に力を入れます。あなたも集中しているときや、やる気があるときは、目に力が入っているはずです。

しかし、自分でも気づかないうちに、目から力を抜くクセがある人がいます。そういうクセが自分にもないかを確認しておきましょう。

自分が話しているときはいいのに、他人が話しはじめると途端に目から力が抜ける。

自分のことが話題になっているときはいいのに、他人のことが話題になると途端に目から力が抜ける。

目の力が抜けていると損をすることが多いです。他人の話も文章も頭のなかに入ってこないし、「この人ダメだな」「話、聞いてるのかな?」という印象を与えてしまいます。

先に笑顔をつくると、脳が「楽しい」と勘違いしてくれる

人間のやる気は、ポーズや状態として現れてきます。

逆もまた真《しん》なり。

やる気が出ているときのポーズを取るだけでも、本当にやる気が出てくるのです。

先ほどもご紹介した心理学の父ウィリアム・ジェームズは、

「楽しいから笑うのではない。笑うから楽しいのだ」

と言いました。

現代の脳科学では「顔の筋肉を動かす（笑う）ことで、脳をハッピーにできる」とも言われています。人の行動と脳の働きは連動しているのです。

何か面白い・楽しいことがあると笑うというプロセスだと思いがちですが、顔の筋肉などを笑顔の形にすると、その信号が脳にフィードバックされ、面白い・楽しいと感じてしまう。脳も笑ってしまうというのです。

以前の私は笑顔が苦手でしたが、ウィリアム・ジェームズの言葉を信じて、行動を変えました。ことあるごとに鏡の前に立ち、笑顔で自分に向かって「俺は大丈夫！　必ずうまくいく！　俺は天才！　俺はイケてる！」と言っています。

騙されたと思って、あなたもやってみてください。

ただし、トイレで笑顔をつくっている最中に人が入ってくるとさすがに恥ずかしいので、そこはご注意くださいね。

自分の人生を、思いきり欲張る

本書でずっと書いてきましたが、明確なゴールと、ゴールしたあとの自分の姿を意識すると、人はそれを達成しようと行動する動物です。潜在意識がそうさせるのです。

逆に言うと、願わないものは叶わない、望まないものは手に入らないのです。

もし、あなたが起業家で「お客さまに来てほしい！」と強く願っているのであれば、その願いはきっと叶います。

ポイントは「強く願う」です。

最初からあきらめたり、手に入らないものだと思っていたら、それは手に入りません。

なんとシンプルなロジックでしょう。願望は強ければ強いほど、自分の欲に素直であればあるほど、つまり欲張りであればあるほど叶うのです。

スポーツの世界でも、ビジネスの世界でも、成功者と言われる人はイメージトレーニングを欠かしません。自分が成功している姿をありありと思い描くことができたら、その姿は、もう実現するのです。

人の夢を聞いて、自分の夢を思い出すという話はよくあります。「そんなの無理」と、潜在意識の奥底に押し込めておいた夢が、何かの拍子に顔を出すとワクワクします。

欲しいものは「欲しい」と口にしよう

ただし「欲張り」というと、ネガティブに感じる人もいるようです。たしかに、自分勝手で「がめつい」「欲深い」という意味に捉えてしまいがちなのでしょう。

でも「欲張り」を「自分の理想を追求するのに貪欲」と捉えたらどうでしょうか？「欲張り」をポジティブに変換するのです。

私は欲しいものを、なかなか「欲しい」と言えませんでした。自分の欲に素直になることができなかったのです。でも素直に「欲しい」と言えば、みんな受け入れてくれます。行動できないでいたのは単なる思い込みだったのです。

人は望みさえすれば、なりたい自分になれます。

人生は一度きりです。欲張ったぶんだけ得られるものがあるならば、思いっきり欲張りましょう。自分の気持ちに素直になって、「欲しい」気持ちを表してみませんか？　自分に素直に願った者が勝つのです。

なりたい自分の姿を思いっきり夢想妄想して、自分の欲に思いっきり素直になってください。あなたの潜在意識は、あなたが「望み」を口にするのを待っています。

自分自身の人生を欲張った人だけが、チャンスをつかむのです。

「あきらめること」をあきらめる

これまで、たくさんの起業家の相談に乗ってきました。
そのなかで、うまくいかない人の共通点が見えてきました。
共通点は次の２つです。

（1）すぐにあきらめてしまう
（2）ゴール直前であきらめてしまう

それぞれ説明します。

（1）すぐにあきらめてしまう

ほとんどの人は、自分でビジネスを立ち上げようとがんばるも、1～2か月から半年、長くても3年から5年で辞めてしまいます。

そうスムーズにうまくいくはずなんてありません。そんなに簡単に成功するなら、いまごろ日本中みんなお金持ちになっているはずです。

あなたの会社でも、半年で社長になる人はいませんよね？

成功することを舐めてはいけません。たくさんの失敗をするのは当たり前です。

自転車を乗るときにも、転ばずに乗れる人はいません。ちょっと転んだから辞めると言っていたら、うまくいくはずがありません。何度も失敗するのが普通です。

失敗をしてはいけないのではありません。

その失敗からいかに学ぶか、どんな教訓を得るか、その教訓を次にどう生かすかです。

その積み重ねが成長です。失敗は成長のための大きなヒントになるのです。成長するためには、失敗が必要なのです。

失敗は必要経費です。それを繰り返すなかで成長していくからこそ、最終的に夢を実現し成功するのです。

これは当たり前の話で、誰もがわかることだと思います。なのに、ほとんどの人は半年、3年から5年で辞めてしまうのです。

(2) ゴール直前であきらめてしまう

これは不思議な話に聞こえるかもしれませんが、意外にも、ゴール直前であきらめてしまう人は多いです。

ゴールまで遠い、もう無理だと思い、いままで必死で続けてきたこと、改善を積み重ねてきたことをゴール直前であきらめてしまう。

本人から見るとゴールまでまだまだ先にあるのですが、経験者から見ると、なんであと

2〜3歩のところであきらめてしまうの？　と思ってしまいます。

だからこそ「あと2〜3歩でゴールに行けるよ」と教えてもらえるメンターの存在が大事なのです。

自分ではもうこれだけがんばって、ゴールまでまだまだ辿り着かないからもう辞めようと思ってしまいますが、メンターには、あと2〜3歩だと見えているのです。

なぜ、多くの人がゴール直前であきらめるのか？

「げんじーさん」を憶えていますか？

「げんじーさん」は、あなたの現状を維持するのが仕事です。

あなたが人生の成功に向けてチャレンジしはじめると、「げんじーさん」は当然、はじめに必死であなたのチャレンジスタートを止めようとします。

その「げんじーさん」の阻止をあなたが突破して、あなたがスタートすると、もちろん途中途中で「げんじーさん」はあなたに試練を与えて、あなたを止めようとします。

それでもあなたがチャレンジし続け、達成目前、ゴール直前になると、「げんじーさん」はゴール直前に必死で止めにかかってきます。これまでにないくらい、全力で止めにかかってくるのです。

なので、達成3歩手前くらいで最大レベルの心理的な抵抗が起こってくるのです。

「経済的に回らなくなってしまって、やめざるを得ないな」
「親友に裏切られた」
「これだけ続けたのに、先が見えないから向いてないのかな」
「結婚したいから、もうやめちゃおうかな」

などと、いろいろな抵抗が現れます。

「げんじーさん」の仕事は、あなたが絶対に変わらないようにすること。

現状を維持することが「げんじーさん」の使命なので、あなたがお金持ちになったり、成功することが絶対に許せないのです。

「いつまでたってもゴールが見えないな」

「これ以上がんばれない」

「これって本当にやり続ける意味があるんだろうか」

「よく考えたら私はこっちよりも、あっちのほうがあってるんではないか」


そうあなたが思ったら、心の底から限界と思っても、あと3歩は進んでみてください。

そう思わせているのはあなたの潜在意識である「げんじーさん」なのです。

逆に言えば「げんじーさん」はあなたがゴール直前にいると気づいたからこそ、強烈な抵抗をしてきたのです。あなたはゴール直前にいるのです。

心理的抵抗が強くなればなるほど、「もうあきらめようか」ということが頭をよぎった瞬間であればあるほど、「げんじーさん」がゴールに近いと察知しているのです。あなたはもう、ゴール直前なのです。

「あきらめたらそこで試合終了ですよ」

プロというのは、何百回と失敗をした人です。

すぐにあきらめないようにしましょう。最低でも100回は失敗をしましょう。5年以上はやり続けましょう。

「もうやりきった、限界だ」と身体や心が悲鳴をあげ、あきらめかけたときこそ、もう3歩進んでみるのです。3歩進んでも成功しなかったら、もう3歩進んでみてください。それで、99・9%うまくいきます。

「あきらめたらそこで試合終了ですよ」という言葉があります。

成功したければ、あきらめることをあきらめてください。

あきらめるのをあきらめた人だけが、億を稼ぐ人になれるのです。

あとがき

まずはお礼を言わせてください。

最後までこの本を読んでいただいたあなたへ、心から、ありがとうございました。

この本の執筆にあたり、両親、姉、妻、息子、兄弟弟子の皆さんはもちろんのこと、多大なご協力を頂いた権藤優希先生、そして制作関係者の皆さまに感謝申し上げます。

私は、ASKアカデミー・ジャパンの松田友一会長とお会いし、その研修に触れることにより、飛躍的に事業が伸びました。研修で学んだことをこの本でも随所に紹介していますが、そのことを快くご了承くださった松田会長に心から感謝申し上げます。

そして、嶋村吉洋社長主宰の「ワクセル」で学ばせていただいたからこそ、いまの私があります。この場を借りて嶋村社長に心から感謝申し上げます。

さて、あなたはどんな人生にしたいですか？

あらためて自問自答してみてください。

家族が困ったときに、お金がないから助けられないという人生がいいですか？　それとも助けられる人生がいいですか？

子どもが夢のためにこんなことをしたいと言ったときに、ウチはお金がないから無理だと言いたいですか？　お金は気にしなくていいから、夢のためにがんばりなさいと言いたいですか？

愛の冷めた夫婦がいいですか？　いつまでもラブラブな夫婦がいいですか？

月のお小遣い５０００円の人生がいいですか？　お小遣い無制限の人生がいいですか？

何の目標もない人生がいいですか？　目標のある人生がいいですか？

時間の選択の自由がない人生がいいですか？　時間の選択の自由がある人生がいいですか？

金銭的な余裕がない人生がいいですか？　金銭的な余裕がある人生がいいですか？

目の前にチャンスがあったときにチャレンジしない人生がいいですか？　チャレンジする人生がいいですか？

言い訳ばかりして前に進まない人生がいいですか？　言い訳せずに前に進んでいく人生がいいですか？

向いていないからやめておこうという人生がいいですか？　向いていないかもしれないけど、向くように努力してみよう。いまはできないとしても、できるようになるまで努力してみようという人生がいいですか？

わからないからやめておこうという人生がいいですか？　わからないから、わかるまで勉強してみようという人生がいいですか？

すぐにあきらめる人生がいいですか？　何ごとも継続する人生がいいですか？

目の前の人をすぐに疑う人生がいいですか？　目の前の人をまずは信じてみようという人生がいいですか？

愚痴ばかり言って、夢をあきらめている仲間ばかりの人生がいいですか？　前向きで、夢に向かってチャレンジしている熱い仲間が多い人生がいいですか？

自分だけが豊かな人生がいいですか？　自分だけではなく、仲間と一緒に豊かになっていく人生がいいですか？

私は、自問自答したときに、

「家族を助けられる人生がいい。
子どもの夢を応援できる経済力がある人生がいい。
夫婦ラブラブがいい。
小遣い無制限がいい。
目標のある人生がいい。
時間の選択の自由がある人生がいい。
金銭的な余裕がある人生がいい。
目の前にチャンスがあったときにチャレンジする人生がいい。

言い訳せずに前に進んで行く人生がいい。

向いていないかもしれないけど、向くように努力してみよう、いまはできないとしても、できるようになるまで努力してみよう、という人生がいい。

わからないから、わかるまで勉強してみようという人生がいい。

何ごとも継続する人生がいい。

目の前の人をまずは信じてみようという人生がいい。

前向きで、夢に向かってチャレンジしている熱い仲間が多い人生がいい。

自分だけではなく、仲間と一緒に豊かになっていく人生がいい」


心の底からそう思いました。

そこからは、本書に書いたことを実践して、人生を前に進めてきました。

あとはあなたの選択です。あなたがどういう人生にしたいかです。

自分を変えれば、現実が変わります。あなたの心のなかでの会話を変えてください。

成功へのプロセスは、心のなかにいるネガティブな自分とポジティブな自分の勝負です。

ミスをして自分を責めたり、無駄な心配をしたり、絶望したり、意気消沈するような言葉を自分に聞かせるよりも、勇気と希望が湧く、支援、応援の言葉を自分自身に与えてください。

私のメンターは、

「中野くんならできる！」

「お前そんなもんじゃない！」

「もっとできる！」

「絶対一緒に成功しよう！」

と、応援のエールを私に送ってくれました。

私はあなたに、

「**あなたならできる！**」

「あなたはそんなもんじゃない！」

「もっとできる！」

「絶対一緒に成功しよう！」

と、応援のエールを送ります。


そして今度はあなたが、本書の内容を実践し、「億を稼ぐ人の習慣」を身につけ、あなたのまわりの人に応援のエールを送り、その人の持つ力を最大限に引き出してあげる人になってください。

あなたと共に笑い、共に感動し、共に喜び、共に目指し、共に達成する関係になれたら最高です。

2021年7月
中野祐治

参考文献一覧

『改訂版 金持ち父さん 貧乏父さん』ロバート・キヨサキ 著／白根美保子 訳（筑摩書房）

『改訂版 金持ち父さんのキャッシュフロー・クワドラント』ロバート・キヨサキ 著／白根美保子 訳（筑摩書房）

『心の壁の壊し方』永松茂久 著（きずな出版）

『自分で決める。』権藤優希 著（きずな出版）

『心が強い人のシンプルな法則』権藤優希 著（きずな出版）

『「話すのが苦手、でも人に好かれたい」と思ったら読む本』権藤優希 著（きずな出版）

『思い描いた理想をすべて手に入れる生き方』土井あゆみ 著（きずな出版）

『生き方』稲盛和夫 著（サンマーク出版）

『新装版 思考は現実化する』ナポレオン・ヒル 著／田中孝顕 訳（きこ書房）

『新装版 人を動かす』デール・カーネギー 著／山口博 訳（創元社）

『地道力［新版］』國分利治 著（PHP研究所）

『年収1億円になる人の習慣』山下誠司 著（ダイヤモンド社）

『完訳 7つの習慣』スティーブン・R・コヴィー 著／フランクリン・コヴィー・ジャパン 訳（キングベアー出版）

『〝気づく〟ことが人生の成功を〝築く〟』松田友一 著（ギャップ・ジャパン）

『ビジョントリガー』松田友一 著（すばる舎）

『世界一ワクワクするリーダーの教科書』大嶋啓介 著（きずな出版）

著者プロフィール

中野祐治（なかの・ゆうじ）

株式会社YAPPY代表取締役。ほかにも複数の会社を経営する実業家。飲食店、オーガニックショップ、人材派遣事業、講演会、業務コンサルティング、ビジネストレーニング事業などを多岐にわたって展開する。大阪府大阪市生まれ。神戸大学卒業後、シャープ株式会社（SHARP)に入社。24歳で経営のメンターと運命的に出会い、そこからメンターに学びはじめる。26歳のときに親族の借金を肩代わりしていた両親が夜逃げ。借金取りが家に押しかけて来ることも経験。その経験から、1回きりの人生を全力で生きると決める。人生において「すべての人を勝利に導く」をビジョンとして掲げ、事業の道に踏み出し、27歳で独立。そのビジョンを実現していくために、「すべての人の幸せのお手伝いをする！」を経営理念として、人々の多様化するニーズやライフスタイルの変化にいち早く応えるために、さまざまなサービスを展開している。39歳ですべての事業からの収入が年収1億円を超える。500人規模から1000人規模の講演会を毎月開催し、多くの若者から師匠と慕われる、いま注目の起業家。著書に『億を稼ぐ人の考え方』(きずな出版)がある。

「ワクセル」公式HP
https://waccel.com

億を稼ぐ人の習慣

2021年7月20日　第1刷発行

著　者　　　中野祐治

発行者　　　櫻井秀勲
発行所　　　きずな出版
東京都新宿区白銀町1-13　〒162-0816
電話03-3260-0391　振替00160-2-633551
https://www.kizuna-pub.jp/

ブックデザイン　池上幸一
印刷・製本　　　モリモト印刷

ISBN978-4-86663-142-4

きずな出版